中小企业管理创新与研究

万博楠 著

中国纺织出版社有限公司

图书在版编目（CIP）数据

中小企业管理创新与研究 / 万博楠著 . - - 北京：中国纺织出版社有限公司，2024.5. - - ISBN 978-7 -5229-1838-9

Ⅰ .F279.243

中国国家版本馆 CIP 数据核字第 2024PQ0204 号

责任编辑：张　宏　　责任校对：高　涵　　责任印制：储志伟

中国纺织出版社有限公司出版发行
地址：北京市朝阳区百子湾东里 A407 号楼　邮政编码：100124
销售电话：010—67004422　传真：010—87155801
http://www.c-textilep.com
中国纺织出版社天猫旗舰店
官方微博 http://weibo.com/2119887771
河北延风印务有限公司印刷　各地新华书店经销
2024 年 5 月第 1 版第 1 次印刷
开本：710×1000　1/16　印张：15.5
字数：200 千字　定价：98.00 元

凡购本书，如有缺页、倒页、脱页，由本社图书营销中心调换

前言

中小企业是一个国家经济中最活跃的部分，在促进经济增长、推动创新、增加税收、吸纳就业和改善民生等方面具有不可替代的作用。许多国家都十分重视中小企业发展，采取一系列政策和措施为中小企业的健康发展创造良好空间。

在当今"大众创业、万众创新"的时代背景下，要实现中华民族的伟大复兴，还必须充分借鉴和吸收国外中小企业经验，大力发展我国中小企业的创业经济。在此背景下，中小企业创业与经营管理研究成为当今国内外经济管理领域新的研究热点，企业管理的专家学者们开始关注中小企业创业与管理研究领域。

本书共分为七章，第一章为中小企业管理概述；第二章为中小企业创业者学习模式；第三章为中小企业财务管理的改革与创新；第四章为中小企业的人力资源管理；第五章为人力资源组织管理与培训开发；第六章为中小企业数据管理；第七章为中小企业商业模式。

本书得以脱稿付梓，要感谢各位领导、同事以及出版社同仁的支持与帮助！另外，对于书中不足之处，还望各位专家、学者予以指正，在此先表谢意！

万博楠

2023 年 9 月

目 录

第一章　中小企业管理概述 …………………………… **001**
　　第一节　中小企业的定义 …………………………… 001
　　第二节　中小企业的功能 …………………………… 012
　　第三节　中小企业发展所面临的问题和趋势 ……… 018

第二章　中小企业创业者学习模式 …………………… **025**
　　第一节　中小企业创业者与管理者、领导者 ……… 025
　　第二节　创业者及企业家精神 ……………………… 031
　　第三节　中小企业企业家能力 ……………………… 036
　　第四节　基于创业者视角的创业学习模式 ………… 041

第三章　中小企业财务管理的改革与创新 …………… **047**
　　第一节　中小企业财务管理存在的问题 …………… 047
　　第二节　中小企业财务管理的对策 ………………… 051
　　第三节　中小企业财务管理行为的规范与优化 …… 054
　　第四节　中小企业财务管理创新途径 ……………… 057

第四章　中小企业的人力资源管理 …………………… **065**
　　第一节　人力资源管理概述 ………………………… 065
　　第二节　中小企业人力资源管理的现状及误区 …… 069
　　第三节　中小企业人力资源管理实务 ……………… 077

第五章　人力资源组织管理与培训开发 …… **091**

第一节　企业组织设计 …… 091
第二节　中小企业组织结构的类型与选择 …… 097
第三节　企业人力资源管理制度设计 …… 106
第四节　员工培训概述与需求分析 …… 113
第五节　培训方式及其选择 …… 131
第六节　员工培训项目效果评估 …… 142

第六章　中小企业数据管理 …… **145**

第一节　基本概念 …… 145
第二节　DAMA-DMBOK 数据管理知识体系 …… 153
第三节　中小企业数据治理 …… 156
第四节　中小企业数据治理对策与实施 …… 170

第七章　中小企业商业模式 …… **191**

第一节　中小企业商业模式概述 …… 191
第二节　中小企业商业模式创新 …… 199
第三节　"互联网"六大商业模式分析 …… 209
第四节　中小企业商业计划书 …… 213

参考文献 …… **239**

第一章 中小企业管理概述

第一节 中小企业的定义

在全球经济发展不断变化的背景下,企业规模越来越大,集团化趋势也越来越明显。与此同时,中小型企业也呈现出强劲的发展势头。不论是在发达国家还是发展中国家,中小企业的发展问题已成为备受关注的战略议题。各国纷纷采取积极的政策和措施,推动中小企业的持续增长。在这一全球趋势推动下,中小企业不仅数量不断增加,而且在经济活动中的地位和作用也日益突出。因此,探索中小企业的发展路径,促进其可持续发展,已成为各国经济发展的重要课题。

一、中小企业的界定

要对中小企业进行扶持,首先需要界定什么是中小企业。国际上一般以企业的特征或数量为准则来界定,前者是定性标准,后者是定量标准。但不同国家所处的社会历史背景存在着较大的差异,所处的发展阶段差异也很大,因此在对不同类型中小企业界定的过程中,划分标准也是不同的。总的来说,国际上并没有非常统一的标准,主要的原因体现在以下几个方面:首先是中小企业从本质上来说,并不是绝对性的概念,重点是和一些大型企业对比得出的,当其处于中等或者中等以下的经营状态时,就会将其称为中小企业,从这个层面来说,中小企业属于相对性的概念。其次是各个不同的国家和地区,自身经济发展的过程中,存在的差异非常大,因此中小企业如何界定,争议也是很多的。最后,中小企业一直处于动态化的发展过程中,虽然相同的国家和地区,经济发展速度不断加快,当其处于不同类型的发展阶段时,对中小企业概念的界定存在的差异也是很大的。

(一)定性界定

定性界定也称为质量界定和地位界定,其特征主要体现在以下三个方面:一是中小企业不受母公司控制,企业是独立的,其创业者兼经理在进行重大决策时,不受外界的控制;二是中小企业是由一个或几个创业者亲自管理,而不是由一个正式的机构来管理;三是中小企业的市场占有率较小,这就意味着它对价格、数量或所处的环境具有较小的影响力。

(二)定量界定

定量界定也称为数量界定。"中小企业"一词的关键首先是"中小"。"中小"是规模概念,企业的生产要素和经营水平的状况都可以反映企业的规模。不过,目前世界各国(地区)所设定的参照系标准各不相同。

定量界定的标准通常包括以下三个方面:一是企业雇佣人数;二是企业资产额标准;三是企业的经营收入。例如,美国通常把员工数量在500人以下的企业称为小企业,也就是我们通常所说的中小企业;欧盟则规定雇员数量少于250人、年营业额不超过5000万欧元,或者年资产负债表表值不超过4300万欧元的企业为中小企业。

因此,中小企业的规模一般都比较小,很多企业都处于创业阶段或初步成长的阶段,包含的企业类型比较多。主要就是在标准之内的各种企业、城镇集体企业、国有中小企业等。在规定标准之下的一些法人企业以及自然人企业也属于其范畴。

二、中小企业标准划定的趋势

目前,各国在确定中小企业范围时都考虑了本地情况,这样就可以保证中小企业更好地获得国家政策的有效支持。不同国家对中小企业标准定义差别很大,下面对关键性的内容开展分析。

(一)发达国家不断提高对中小企业的标准上限

随着市场经济的不断发展,全球化水平越来越高,各种技术不断发展,企业的市场覆盖范围和运营深度正在持续扩大。为了适应市场的变化,中小企业采取了专业化、连锁经营等灵活策略。主要的发达国家和国际组织,如欧盟,已经多次修订中小企业标准,每一次修订都代表着中小企业标准上限的提高。

从纵向的角度来看,中小企业标准上限的提高与生产力的不断提高密切相关。随着时间的推移,生产力持续增长,企业内单个员工的产出呈现出不断增加的趋势。如果从横向的角度分析研究,中小企业标准的划分本身具有非常明显的相对性特征。不同国家及地区的经济发展水平存在的差异非常大,因此,不同国家在中小企业相关标准上限设定的过程中,存在的差异也是非常明显的。即使企业的规模处于相同的状态,在不同国家和地区的经济体系中的地位和作用也可能存在着非常大的差异。例如,德国将雇员少于 500 人、年营业额低于 1 亿欧元的企业定义为中小企业。

(二)中小企业划分的标准往往由单一标准向复合标准转变

在传统的中小企业划分过程中,不同的国家采取的标准都是比较单一的。随着中小企业划分标准的不断发展,复合标准成为划分的重要标准。前者选择的指标相对较少,较为常见的就是企业本身雇佣人数的多少、产值的多少、注册资本数量的多少等,来确定企业的规模;而复合标准则是综合运用多项指标来全面评估企业的规模。

(三)行业的特性越来越受到重视

如果从企业规模定义的方面开展分析,对行业特征的重视程度越来越高。各个行业中,虽然其产值处于相同的状态,但是从雇佣劳动力的数量、质量、利润率、技术水平等角度分析,存在的差异还是非常显著的,通过行业特点的分析,实现企业规模的区分是比较可行的。

(四)企业独立性标准的受重视程度上升

随着市场经济的不断发展,企业股权和契约之间形成的利益关系变得越来越复杂,中小企业的角色开始发生变化,甚至成为某个大型企业的分支,从而失去了独立性。因此,在设定中小企业标准时,相对完善的市场经济国家通常会对企业本身的独立性进行科学的考虑。从美国小企业的管理局角度分析,重点将雇员规模和收入上限作为主要的界限,同时要保证企业应该处于独立拥有、独立运营的状态,在市场上应该处于不被支配的状态,才能满足小企业的标准。这突显了在评估中小企业规模时对其独立性的日益重视。

三、中小企业的类型

2011年,我国的工信部、财政部等有关部门制定了《中小企业划型标准规定》,将中小企业重点划分为三种不同的类型,也就是中型企业、小型企业、微型企业,在分类标准确定的过程中,最为主要的指标就是企业从业规模、营业收入、资产总额等,并同时充分考虑了不同行业的独特特征。这一标准的适用范围广泛,覆盖了众多领域。

四、中小企业的理论

(一)社会分工论

市场经济的不断发展,对中小企业发展产生了重要的影响,这些企业生存能力也在不断地提升。大企业与中小企业之间的互动发生了重大变化,逐渐从以往的激烈竞争转向内部的协作与合作。这种变革不仅改变了外部竞争关系,也使得社会的分工更加深入,为经济发展带来积极影响。

1. 产业分工论

1965 年,美国学者施太莱(Staley)和莫斯(Morse)对美国组织结构开展科学的实证分析,重点将技术和经济作为出发点,对生产成本、规模经济、市场特性等不同因素可能产生的影响进行分析。通过研究分析支持,各种类型的产业需要适应不同规模企业的经营,并对产业进行了细分。太田一郎则是重点划分经济部门。重点划分为两个部门,也就是集中型部门和分散型部门。大型企业主要是集中型部门,而分散型部门更适合中小企业从事多品种、小批量生产等业务。

2. 中心——外围论

美国学者 R.T.艾夫里特(R.T.Averitt)认为,现代经济存在两类主要企业群体:核心企业和外围企业。核心企业规模大、经营范围多元化,是复杂业务结构的公司。而外围企业规模较小、市场密度低、经营期限较短、成本较高。艾夫里特将外围企业进一步细分为"卫星企业""忠实的对立企业""自由独立企业"。"忠实的对立企业群"是非常关键的,这些企业对核心企业所产生的威胁还是很大的,因此必须给予高度重视。

3. 缝隙论

美国职业指导专家约翰·霍兰德(John Holland)指出,在市场与技术相互作用的背景下,中小企业一般借助专业技术和经营管理能力,促进"产品差异化"的形成,可以在市场"缝隙"中寻找更多的机会。随着技术的不断革新,市场动态的变化,促进了服务逐步地实现经济化发展,实现科技创新发展,中小企业也具有了更多的市场"缝隙"。在这种情况下,企业自身合并和分化作用是非常关键的,可以为中小企业的发展提供更多的机会,企业的规模将不断地增加,小企业数量将进一步增多。

(二)二元结构体系论

美国新制度经济研究者约翰·肯尼思·加尔布雷思(John

Kenneth Galbraith)在其 1973 年的作品《经济学与公共目标》中,提出了对美国现代资本主义经济的独到见解。他主张,美国经济并未完全依赖一个单一的运作模型,反之,是由计划体系与市场体系两大模式相辅相成,形成了一个二元结构体系。根据加尔布雷思的论点,这个计划体系主要由大约 1000 家大型企业构成,这些企业本身重点将计划作为基础,加强生产和销售活动的开展,对经济实力和政治特征依赖性比较强。市场体系主要由 1200 万家中小型企业构成的,企业是非常分散的,但是在此过程中,需要严格遵循市场规则。但从其观点来说,不是任何生产活动都可以由大企业去开展,有一些生产模式或许中小企业更有优势。然而,他强调,在这个二元体系中,在权力和收入分配上存在明显的不公平现象,即市场体系常常需要服从于计划体系。而这则可能会导致社会资源配置失衡、贫富分化强化、经济发展不均以及环境污染等社会问题。因此,加尔布雷思强调,为了解决这些问题并实现两大体系之间的均衡,政府需要承担起责任,需要针对性地采取一些行为,促进制度的不断改革,从而促进经济的可持续发展。

(三)大规模时代终结论

20 世纪 70 年代,日本大型重化工工业的"黄金增长阶段"已经结束,各种内外条件开始逐步地消失。国际环境发生了相对较大的变化,各种新技术开始不断发展,对大企业所产生的影响是巨大的。在该背景下,出现了很多的多元化企业,中小企业自身的生存条件也得到了非常大的改善。对于这一时期的经济变革,村秀一郎则对该观点进行了批判,中小企业始终会受到大企业的影响,由于大企业本身的支配及控制作用,中小企业本身一直是不稳定的。随着现代资本主义的不断演变,产业结构、需求结构等都会发生较大的变动,大企业自身生产经营的过程中,也会面临着非常大的压力,这在一定程度上标志着大规模时代的终结。而对于中小企业,在该阶段,自身的结构性可能实现较大的发展,促进中小企业发展的重要原因,正是现代资本主义的演进所带来的产业和需求结构的变化。这种变化为中小企业提供了机会，使它们能够更好地适应经济环境的演变，发挥出自身的潜力。因此，可以得出结论，大规模时代已经终结，而多元化产业组织的出现为中小企业创造了更为有利的发展条件。这不仅是对经济结构变革的一种回应，也标志着经济体系进入一个更为灵活、多元的时代。

(四)竞争簇群论

在《簇群与新经济学》一文中，哈佛大学教授迈克尔·E.波特（Michael E. Porter）阐释了"簇群"这一概念，重点反映的是某一个地区、在特定领域获得巨大竞争优势的公司和机构有机地结合在一起。簇群一方面在不断地竞争，另一方面也在不断地合作，竞争的过程中，最主要的目的是赢得更多的客户，保留更多的科学性。合作的过程主要是垂直合作的过程，既包括相关产业的公司，也包括本地的一些机构。

竞争与合作处于并存的状态，并不是偶然的。主要是因为其发生的领域不同，参与者也是不同的。这些簇群的存在，在很大程度上代表着各种具有活力的组织，本身的效率非常高，灵活性非常强，具有无可比拟的优势。而波特则对现代竞争给予了深层次的研究，生产力决定因素和其他在竞争中的表现有很大的关系。如果公司可以更加熟练地利用一些方法和较为先进的技术，提供更加独特产品和服务，企业就会具有更高更强的生产力。

从这一观点来说，各个产业都是具有潜力的，都可以利用各种先进的技术，都可以成为重要的知识密集型产业。波特针对簇群形成的自我强化循环过程，也提出了很多的见解。当循环形成时，对簇群的发展会起到巨大的促进作用。如果地方机构给予更多的支持，地方具有很强的竞争力，这种循环效应将更为显著。这凸显了地方支持和竞争环境对于簇群发展的至关重要性。

(五)技术创新论

从 20 世纪 60 年代开始,很多学者开始重点研究中小企业在技术创新的过程中扮演的角色。埃德温·曼斯菲尔德(Edwin Mansfield)重点对不同的产业开始实证分析研究,重点分析技术创新和垄断的关系会受到产业特性的影响,多样化程度比较高。在这个探讨中,我们将回顾一些重要的观点,以深入了解中小企业在技术创新中的地位和影响。

谢勒尔(Scherer)通过相关的研究分析表明,专业的发明和企业规模的增长之间的关系并不是正比的关系。当企业规模不断地扩大,企业的活力可能会处于衰退状态。这一观点引发对创新与企业规模关系的深入思考,提醒我们不可简单地将规模扩大与创新能力的提升画上等号。

通过对相关研究成果的分析,我国也可以了解到创新对中小企业内在成本劣势的抵消具有非常重要的作用,可以帮助企业更好地进入其他行业,可以进一步促进其创新能力的不断提升。这个论断为我们提供了深刻的启示,即中小企业在技术创新中有其独特的优势,并且在特定条件下能够通过创新实现对大企业的有效挑战。通过深入理解技术创新对企业规模、市场竞争程度的影响,我们能够更好地引导中小企业在创新方面的战略选择,为其可持续发展提供有力支持。

(六)中产经济理论

相对于大型企业,中产企业的独特之处在于其更为灵活的管理结构和相对较小的资金规模,使得它们能够更迅速地适应市场的变化。与大型企业相比,中产企业更注重灵活的市场营销方式和高效的生产效益,从而更容易在竞争激烈的市场中立足。此外,中产企业的组织形式和会议制度通常更为平等和民主,有助于激发员工的创造力和团队协作精神。

五、中小企业的结构调整路径

中小企业的结构调整涉及产业、经营布局、经营方式以及经营市场等方面。其中,中小企业的类型也开始不断地发生变化,开始由传统的行业向各种新兴产业不断转变,如基础设施、高新技术产业等。经营布局也开始发生相对较大的变化,不再是传统的分散经营,开始逐步地转变为工业园和产业集聚区。自身的经营方式也在不断地发生变化,开始逐步实施集约化的经营模式。经营的市场也变得越来越广,开始逐步向国际市场迈进。

中小企业的结构也在不断地调整,这是为了顺应国家经济结构调整的需要,也是企业自身发展的需要。中小企业的结构调整路径如下。

(一)企业层面

1.推进特色经营

随着市场竞争的不断激烈,中小企业为了谋求更多的生存空间,为使企业所经营的产品或服务与众不同而制定的战略,进而形成特色经营。中小企业要想实现更好的发展,积极地推进特色经营是非常必要的,目前市场竞争激烈程度仍然很高,中小企业发展过程中面临的压力依旧很大,企业要想获得更多的生存空间,实现自身的特色经营是非常必要的,要能够更好地占据产业空间及市场空间,保证自己在竞争的过程中占据更加主动的地位。

2.坚持绿色经营

绿色环保和生态经济理念深入人心,中小企业作为经济活动的主体,要能够在企业自身的经营理念以及经营模式上,加强绿色环保和生态经济理念的不断应用。中小企业要想实现环保的经济活动,积极地追求绿色经营,只重视支出和投入是不够的,企业应该能够顺应全新的绿色经营理念,尽可能地采取较为科学的绿色经营模式,帮助中小企业获得更多的利润,促进企业的不断成长。

(二)政府层面

1. 促进产业的转型升级

随着市场经济的不断发展,中小企业经营的外部环境一直在不断地发生变化,产业内部资源配置不合理的问题变得非常突出,产业发展的过程中受到的约束还是相对较多的。因此企业应该进一步地加强自身产业素质的提升,加强产业的升级置换,实现产业的重组,促进全新产业结构的形成,满足长远发展的各项需求。

如何有效地推动产业的转型升级一直是经济发展的核心课题。这一升级过程包括从低附加值向高附加值的转变,从高能耗高污染向低能耗低污染的改变,以及从粗放型发展模式向集约型的升级。其中,技术进步是产业转型升级的关键动力,涉及引进先进技术、消化吸收,并进行深入研究、改进和创新。在我国,中小企业层出不穷,然而,许多中小企业缺乏独立进行研发的实力和财务支持,当面对出现的危机时,缺乏较强的抵御能力。为了促进该问题的顺利解决,政府有关部门加强对中小企业的投入是非常必要的,要积极地加强创新公共服务平台的建立,为中小企业的发展提供重要的支持,全面支持它们的转型升级。这涉及提供财政支持、技术培训、市场开拓等多方面的支持,以帮助中小企业更好地适应市场的变化,提高其在产业链中的地位。此外,政府还可以通过制定更加灵活和有针对性的政策,鼓励中小企业增加研发投入,加强与高校、研究机构的合作,推动技术创新和知识产权的保护。这样的综合性支持将有助于激发中小企业的创新活力,提高其在产业升级中的竞争力,从而促进整体经济的可持续发展。

2. 淘汰落后产能

要尽可能地加快落后产能淘汰的步伐,以便有效地促进经济发展方式的不断转型,促进经济结构进一步调整,促进经济的不断增长,获得更高的效益。这对于节能减排目标的实现和全球气候变化的应对都可以提供重要的支持,可以促进我国工业化程度的不断增强。在这种情况下需要政府这只"看得见的手"进行调节,完善落后产能退出的政策措施,强化激励和约束机制,要尽可能地保证不同类型的积极因素都得到充分的调动,要能够保证关键环节的科学把握,进一步突破难点和重点的束缚,促进落后产能的不断淘汰,为产业结构的不断调整和优化升级提供重要的支持。

3. 鼓励技术创新

在激发中小企业创新活力方面,技术创新被视为我国重要的政策支持。这一政策的核心在于强调企业在技术创新中的主导地位。中小企业需理解,虽然资本投入在品牌和项目运作上有一定效益,但它受到边际效益递减规律的限制,这意味着随着资本投入的增加,利润增长会逐渐减缓。然而,通过技术的创新过程可以带来巨大的效益,技术一直是不断递进的、没有边际限制的。

在高度重视中小企业技术创新的过程中,政府应该积极地鼓励各种技术的开发,要加强对社会环境的充分利用。科研机构和高校应该进一步地提升自身关于科技成果转化的认知,促进技术开发成果面向市场力度的不断增加,让企业自身可以获得更多的比较有用的技术成果。同时,政府也需要提供更加有利于技术创新和转化的政策和支持,为中小企业提供更多的技术创新资源和机会。这样的举措将有利于提高中小企业在技术创新领域的竞争力,促进其在市场中的持续发展和进步。

4. 发展产业集群

推动产业集群的发展是未来区域经济增长的关键推动力。产业集群在地理上集中,并具有竞争和合作的关系,彼此之间存在交互关联性。为了促进产业集群的繁荣发展,应该从整体出发,深入挖掘特定区域的竞争优势。在此过程中,需要采取更多积极的政策及税收的手段,实现产业链的不断延伸,促进中小企业自身盈利能力的不断提升。通过这种方式,可以实现整个产业链的协同发展,为企业提供更多的发展机会。此外,加强工业园区、产业联盟等不同类型共享平台的建设是必要的。通用平台的建设,可以促进产业积聚度的不断提升,形成良好的规模效应,保证中小企业对市场变化具有更强的适应能力。共享平台有助于企业之间的合作与交流,促使创新和技术的共享,从而为整个产业集群的可持续发展打下坚实的基础。

总体来说,通过综合运用政策支持、税收政策和建设共享平台等手段,可以推动产业集群的发展,为区域经济注入新的动力,提升中小企业的竞争力。这种发展模式不仅有利于促进产业结构的优化,还有助于推动整体经济的稳健增长。

第二节 中小企业的功能

一、中小企业在世界各国经济发展中的特殊贡献

中小企业在全球经济中扮演的角色还是非常重要的,其突出的地位重点反映在以下几个方面。

(一)吸收社会大部分劳动力,提供新的岗位

中小企业本身具有相对较多的优势,最为明显的优势在于它们通过创造新的岗位来提供丰富的就业机会。在美国,中小企业占总企业数的98%,为全国提供了56.5%的就业机会。法国中小企业贡献了2/3以上的产值和就业岗位,而在比利时,中小企业员工占总就业人口的52%。类似的情况也在其他国家得到体现,如加拿大、澳大利亚、阿根廷、委内瑞拉和日本等。

在经济不景气时,中小企业常常成为与失业做斗争的"先锋"。法国经济部长于1993年12月指出,中小企业在应对失业问题上发挥了积极作用。从历年的统计数据来看,在大企业裁员的情况下,中小企业反而呈现出就业人数增长的态势。例如,1994~1996年,德国大

企业裁员42.7万人，而中小企业的就业人数却增加了7000人。这种现象在全球范围内都有所体现，显示了中小企业在缓解就业压力上的重要性。

中小企业的优势不仅表现在就业机会的提供上，还体现在产值的增加上。比利时在1980～1996年，中小企业就业人数增加了21.1万人，同时大企业却减少了13.3万名职工。这显示了中小企业在增加产值的同时能够为更多人创造就业机会。这种同步增长有助于推动经济的可持续发展。

综合而言，中小企业在全球经济中扮演着不可替代的角色，通过提供就业机会和创造产值，为社会做出了重要的贡献。它们是经济增长和就业稳定的重要引擎，同时在应对失业问题上发挥着积极作用。

(二) 为员工提供获得全面经验的机会

中小企业可以为员工提供一系列在大型企业专业化环境中无法获得的学习经历。中小企业的员工有机会去涉及诸多不同的业务领域，自身的决策权也非常广，他们可以将自身的兴趣和工作有机地结合起来。中小企业可以为员工智慧的发挥提供重要的支持，他们都可能成为企业的领导者。

(三) 创新更具灵活性

中小企业具有很多重要的特征，自身的灵活性也是相对较高的。根据相关的数据调查分析，美国经济上采用的703项发明中，绝大部分由一些小公司以及某个领域的个人发明家发明。中小企业对产业的革新起着非常重要的作用。

中小企业不仅在不断发展的产业中发挥作用，而且在逐渐衰退的产业中也展现出卓越的创新能力。其灵活性使其能够更快地适应变化，并为不同领域的创新贡献独特的见解。这种创新的灵活性使得中小企业在推动经济发展和社会进步中发挥着不可替代的作用。

二、中小企业在我国经济发展中的特点与作用

(一)中小企业在我国经济发展中的特点

随着我国改革开放的实施,我国中小企业的发展速度还是比较迅猛的,在经济发展的过程中,重点表现为以下几方面的特征。

1. 中小企业在初期阶段主要专注于简单加工、手工艺制作以及零售等服务领域

这些领域包括了制造业中的服装缝纫、手工艺品制作和食品加工等,当然也会涉及其他的一些领域,较为常见的就是零售服务业、长短途运输业、社会服务领域等,这些行业是中小企业在发展早期的重点领域。

随着时间的推移和一定程度的资本积累,中小企业逐渐拓展了其经营范围,开始涉足技术要求更高的行业。它们逐步涉及一些电子、精密仪器等领域,这要求具有相对较高的专业技术和知识。

在市场经济发展的过程中,中小企业都发挥着重要的作用。它们不仅存在于制造业,还涉足服务业和其他行业。这些企业在国民经济的第一产业(原材料和资源的生产)、第二产业(加工制造业)和第三产业(服务业)中都占据一席之地。

总体而言,中小企业在其发展历程中不断拓展和涉足新的领域,从最初的简单加工和手工艺制作到如今的高科技和技术要求较高的行业。它们的多样化参与促进了国民经济的多元发展,并在各产业领域都有所贡献。

2. 中小企业以其灵活多变的经营手段和强大的市场适应性脱颖而出

由于中小企业机动性相对较强,企业可以更加快速地适应市场的各种变化,实现产品结构的不断调整,实现生产方向灵活地改变,更好地适应市场的各项需求。这样的灵活性赋予了中小企业出色的

生命力,使其在不断变化的商业环境中保持竞争力。这也意味着中小企业能够更快地抓住市场机遇,快速做出决策,从而更好地满足客户需求。因此,中小企业的这种经营特点为其在竞争激烈的市场中立足提供了独特而有利的优势。

3. 中小企业的组织方式由单兵作战开始向专业化经营、协作化生产迈进

在市场竞争愈加激烈的环境下,一些中小企业开始认识到单打独斗的局限性,于是纷纷采取集结成团的策略,共同协作开拓市场。这种集体行动不仅为企业提供了更大的市场份额,还在组织内部形成了更紧密的协作网络。随之而来的是对经营策略的重新思考,将"小而全"的理念转变为"小而专"的经营模式。这种专业化经营不仅使企业更有竞争力,还为其在特定领域取得了更为显著的优势。

同时,另一部分中小企业选择与大企业建立伙伴关系,成为其卫星企业。这种紧密的链条关系使得中小企业能够专注于为大企业提供配套产品或提供高质量的售后服务。这种协作化的生产和服务模式为中小企业提供了更为稳固的市场地位,同时增强了整个产业链的竞争力。

中小企业的组织方式正在经历一场深刻的演进,从最初的单兵作战逐渐转向专业化经营和协作化生产。这一转变不仅符合市场的需求,也反映了中小企业在适应变化、提高效率和加强竞争力方面的不断努力和创新。

4. 中小企业的经营机制由工厂制向公司制过渡

在过渡的过程中,一些中小企业积极响应改革潮流,采用公司制度,建立了更为健全和灵活的法人治理结构。这种结构为企业提供了更为清晰的内部权责关系,使决策机制更加科学、透明、民主。公司制度的引入,为中小企业的内部管理注入了现代企业家精神,使其更具活力和创新性。

随着公司制度的深入推进，中小企业逐渐实现了从严格的集权管理到更加分权分利的管理体制的过渡。这种管理体制的演变使企业能够更迅速地应对市场变化，更灵活地调整经营策略。企业内部的决策不再依赖单一的领导者，而是通过合理的公司治理机制来实现集体智慧的发挥。

中小企业经营机制从工厂制向公司制的过渡不仅是一种形式上的改变，更是企业治理理念的深刻升华。这一转变为企业提供了更广阔的发展空间，使其在市场竞争中更具竞争力。

5. 中小企业的产品创新转型逐步从模仿为主到自主创新为主

在这个阶段，一方面，一些企业采取了招揽高素质人才的策略，建立了科技开发中心，致力于自主开发新产品和采用新工艺。这种内部创新驱动使得企业能够摆脱单纯的模仿，向更为复杂和先进的生产方式迈进。另一方面，一部分企业选择借助科研院所的力量，积极参与产、学、研相结合的合作模式。通过与研究机构的合作，中小企业得以更好地利用外部资源，推动技术创新，加速产品更新换代的步伐。

这种由模仿型向自主创新型的转变不仅提升了产品的竞争力，也为企业的持续发展创造了更为有利的条件。中小企业通过不断提升技术水平，不仅满足市场需求，还在产业链中不断拓展自身的地位，为经济发展注入了新的动力。因此，中小企业在产品创新方面的崭新趋势不仅有助于提高企业的竞争力，更是推动整个产业升级的关键一步。

6. 中小企业的市场定位由区域范围转变为面向国内、国际两大市场

最开始的时候，中小企业经营的区域主要就是本地，重点向当地的居民提供不同类型的日常服务。但是，随着市场经济的不断发展，

社会化分化程度不断加深,中小企业的市场定位已经发生了显著变化,从最初的区域性和有限范围,逐渐拓展至国内和国际两大市场。

这一转变在我国东部地区表现非常明显。我国东部的很多中小企业开始积极地加强和发达国家之间的合作。企业重点关注的是一些国际竞争优势相对较为明显的产品,外向型经济的特征非常明显。

这种由区域到国内、国际的市场定位的变迁,为中小企业提供了更广阔的发展空间。通过积极参与国际贸易,这些企业得以借助全球化的机遇,提升产品的竞争力,拓展市场份额。然而,与之相伴的是更复杂的市场竞争和对全球供应链的更高依赖度,因此,中小企业在拓展国际市场的同时,也需要更加灵活和敏锐地应对市场的变化。

7. 特色经济初现迹象,呈现出一系列引人注目的特征

其中,出现了很多的科技型企业、新型工业园,也包括很多的农副产品加工企业。他们通过引入先进技术,不仅提升了产品质量,还不断拓展市场份额。这一趋势不仅为企业自身的可持续发展奠定了基础,也为整个地区的产业升级提供了有力支持。

新型工业园区在这一过程中起到了关键作用,充分发挥地理环境和资源优势,因地制宜地打造独具特色的产业集群。这些工业园区不仅是企业的集聚地,更是创新和合作的孵化器,为企业提供了更广阔的发展空间。

值得注意的是,健康农副产品加工业也在特色经济的浪潮中崭露头角,形成了一批引领行业的"龙头"企业。这些企业致力于绿色、健康、有机的农产品加工,满足了市场对优质食品的不断增长的需求。同时,他们也在提高农民收入、促进农业可持续发展方面发挥了积极的作用。

(二)中小企业在我国经济发展中的作用

我国很多企业的资金相对较为短缺,但劳动力非常充足,中小企业对我国经济发展起到的作用是非常关键的。

首先,中小企业是我国市场经济最为重要的主导力量。我国很多改革措施实施的过程中,都需要在中小企业开展试点工作,当改革成功之后,积累经验,并不断地推广。该策略的采取,可以有效地避免大量不必要的损失,中小企业自身的竞争力相对较弱,因此对市场竞争的充分性和公平性提出了相对较多的要求。通过中小企业的不断发展,可以有效地避免各种垄断行为,可以实现有效需求增长的不断激发,促进经济实现更加高速的发展。

其次,中小企业可以促进就业,增加就业机会,可以促进社会的稳定。中小企业的不断发展,可以为我国就业问题提供重要的支持,也可以进一步地促进我国城镇化进程的推进。我国85%的工业企业职工都在中小企业工作,小型零售企业在就业份额中所占的比例为90%。在未来的发展过程中,中小企业将进一步促进我国就业机会的增加。

最后,中小企业也是促进我国技术创新最为重要的主导力量,很多中小企业本质上属于劳动密集型产业或知识密集型产业。他们在创新数量方面占据的份额还是相对较大的,产生的影响非常大,这些企业也创造了较多的新技术,实现了现有工业成果的不断创新。因此通过中小企业的不断发展,促进我国高科技中小企业的不断发展,可以对我国经济的发展提供重要的支持,也可以进一步地促进我国产业结构的升级,促进我国技术创新进程的推进。

第三节 中小企业发展所面临的问题和趋势

一、中小企业在发展中所面临的问题

(一)制约我国中小企业发展的"瓶颈"问题

和其他发达国家相比,我国中小企业资金实力还比较弱,缺乏较强的尖端技术力量,高素质人才还较为稀缺,存在的差距还是很大的。资金匮乏一直以来都是我国中小企业发展的主要制约因素,限制了它们在技术升级和市场竞争中的表现。同时,人才短缺也是一个突出问题,我国中小企业在吸引和留住高素质人才方面面临巨大挑战。技术水平相对滞后,这不仅制约了中小企业的创新能力,也影响了它们在国际市场上的竞争地位。因此,要想提升我国中小企业的整体实力,需采取一系列措施,包括增加资金支持、加强技术创新、培养人才等。这样的改进将有助于打破中小企业发展的"瓶颈",提高它们在国内外市场中的竞争力。

1. 产出规模小,融资困难,资金匮乏

受产出规模等因素的影响,融资渠道也相对狭窄。我国的银行体系重点为国有大企业开展相关的服务,中小企业获得的贷款差距还是很大的。国家一直在积极地鼓励中小企业的发展,很多银行也开始积极地加强企业信贷部的建立,但是面向中小企业的商业银行数量还是较少,难以更好地满足中小企业发展的各项需求。因此很多中小企业融资难的问题依旧非常突出。

2. 技术创新乏力

我国大部分中小型企业在技术创新方面存在较大短板,导致它们的市场竞争力相对较弱。根据相关的数据统计分析,我国大约有73%的中小企业没有设立专门的科研开发机构,通过ISO 9000国际认证的中小企业也很少,我国82%以上的中小企业没有自主研发出技术创新类产品,没有自己的专利。这些情况的存在也反映出我国的很多产品的技术含量不是非常高,质量还有待提高。这些因素加起来,限制了企业在市场上的表现和竞争力,也制约了整体经济发展的速度和质量。

3. 人才缺乏,职工素质较低

我国的很多中小企业在自身经营管理的过程中,专业化人才仍然比较缺乏,专业技术较高的人才也比较短缺。很多中小企业采取

家族式管理模式,难以留住人才。

(二)中小企业发展的自身素质问题

我国中小企业在克服前文提到的"瓶颈"问题的同时,还面临着一系列与其自身发展相关的困难。

1. 竞争力的薄弱,受市场和外部冲击较大

中小企业自身的生产规模还比较小,资本积累方面存在较多的不足,自身的劳动生产率比较低,生产成本很高,市场竞争力还有待提升。它们对经营环境的敏感性较高,经常受到市场波动和外部冲击的影响,使得其面临较大的经营风险,难以吸引投资者的关注。高倒闭率也是一个显著的问题,有 1/3～1/2 的中小企业在前三年内倒闭,这对其融资构成了严重挑战。

2. 企业产权体制改革不够深入

很多中小企业虽然在不断的改革,但是并没有充分实行国有中小企业的产权改革制度,导致许多企业未能真正按照企业制度的要求进行运作。这阻碍了企业内部的有效管理和决策,影响了其整体经营效率。

3. 设备老化,缺乏科技创新

中国工业企业的生产设备普遍存在老化现象,而中小企业更为突出。我国的很多中小企业自身的生产设备非常破旧,生产工艺也不是非常先进,在很多新产品和高科技产品的研究方面投资较少,产品的科技含量不是很高。

4. 企业经营管理水平亟待提升

很多中小企业的管理人才较为短缺,中小企业本身对传统经营方式的依赖程度还是很高的,很多企业自身的经营管理水平还不是很高。企业自身的管理制度不是非常规范,健全度较低,因此如何提升自身的管理水平需要企业重点考虑和分析。

(三)中小企业发展的外部环境问题

中小企业发展的过程中,一方面会受到自身因素的影响,另一方面也会受到外部环境的影响。下面对中小企业发展面临的外部环境问题进行科学分析。

1. 缺乏统一的权威管理机构

从国际经验来看,许多国家都建立了专门的管理机构以加强对中小企业的管理,如日本的"中小企业厅"和美国的"中小企业局"等。这些机构在帮助和扶持中小企业发展方面发挥着关键作用。相比之下,我国目前还未设立类似的权威机构。

2. 政策法规实施体系不健全,市场秩序不规范

很多国家为了确立中小企业的地位,通常会制定一些有关的法律,为中小企业的发展提供支持。以日本为例,自20世纪50年代开始,他们就对中小企业进行了立法。相较之下,我国在这方面还相对薄弱,这影响了中小企业的发展。政策法规的不完善导致市场秩序不规范,制约了中小企业的成长。

3. 缺乏必要的政策支持

中小企业在融资、土地使用、技术开发和税收等方面缺乏必要的政策支持。

4. 地方保护主义

很多地方保护主义的问题还比较突出,中小企业自身很难实现跨区域发展,对其经济效益和发展会产生非常不利的影响。

5. 社会化服务体系不健全

中小企业自身的力量比较薄弱,社会应该为其提供更多的服务。但是我国的社会化服务体系还不是非常健全,服务机构难以为中小企业提供相关的服务。

总的来说,我国中小企业的数量很多,分布也是非常广泛,起点

不是很高，内部因素以及外部因素都会对其产生不同程度的影响。要想促进中小企业的不断发展，中小企业应该促进自身资源和要素的不断增加，要进一步向资金密集型、技术密集型产业转型。进一步加强人才的培养和技术的创新，中小企业才能实现快速发展，并成为我国国民经济持续增长的关键力量。

二、中小企业的发展趋势

(一)世界中小企业的发展趋势

发达国家中小企业已发展成国家经济发展的重要支柱。同时，发达国家的中小企业正在经历着企业经营和劳动力雇佣方面巨大的变化。其发展趋势主要有以下几个方面。

1. 中小企业向自动化、信息化、数据化方向发展

随着自动化机器人在生产部门、计算机在会计部门、计算机辅助销售程序在销售部门应用的不断加强，中小企业的管理正发生着巨大的变化。例如，日本中小企业信息化发展有两种途径：一是介入全球电子商务；二是直接进入信息技术产业。

2. 中小企业的企业生产将向个性化、柔性化、分散化方向发展

中小企业通过生产管理技术等多方面的创新，已经形成比较先进和稳定的计算机应用系统，生产管理技术和软件的发展和完善，使企业生产的个性化、柔性化水平大大提高。此外，中小企业按照合理布局和优化资源配置的原则，不断分散组织生产。

3. 中小企业的产品的生产周期开始缩短

产品的科技含量和附加值与过去的有形商品拉开了距离，许多以科技专利和软件的形式出现。

4. 创新是中小企业取得优势的根本途径

技术创新、制度创新和管理创新是知识经济时代中小企业获取

竞争优势的法宝。

5. 中小企业的人力资源管理旨在充分发挥员工潜能，强调授权和团队合作

为实现对员工的有效授权，中小企业鼓励员工独立而有成效地选择适合自己的岗位。通过让下属自主决策，经营管理者不仅促使他们获得更多的经验与知识，而且在必要时进行有效的控制，实现了良好的管理平衡。

6. 中小企业正朝着联盟化和国际化方向迅速发展

这种趋势的背后是企业希望通过降低生产成本、获取进行经营革新所需的生产要素和经营资源来保持竞争力。这一发展方向为中小企业提供了更广阔的发展空间，使其能够更灵活地适应不断变化的经济环境，推动企业的可持续发展。

(二)我国中小企业的发展趋势

随着"抓大放小"等深刻的改革措施逐步实施以及国际经济环境的一体化影响，我国中小企业正迈入全新的发展阶段，呈现出新的发展趋势。

1. 资本重组促多元化发展

国有资本逐步退出竞争性行业，一些国有中小企业实现民营化，民间资本逐渐成为中小企业的主要资本来源。

2. 民营高科技中小企业持续高速发展

我国的民营高科技企业已经成为国民经济的重要力量和高科技产业的主力军。民营化浪潮将根本改变中小企业的存在形式和结构，同时解决长期困扰其健康发展的体制问题，为企业注入新的活力。

3. 中小企业东西合作纵深推进

20世纪90年代以来，我国沿海发达地区的中小企业由"轻型化"

发展逐渐向重工业化发展转变。随着劳动密集型产业在沿海地区失去比较优势,越来越多的产业开始向中西部地区转移。西部大开发战略的实施和投资环境的改善将推动沿海与西部中小企业的更深层次合作。

4. 专业化:中小企业的新方向

我国提出了鼓励中小企业发展的政策,着力完善中小企业服务体系,促使中小企业朝着"专、精、特、新"的方向发展,以增强其与大企业的配套能力。科技型、知识型、环保型中小企业将受到优先支持;同时,大力发展都市吸引劳动力型、专业特色型、协作配套型、物资综合利用型中小企业,限制高能耗、高污染的企业。中小企业可将生产经营纳入某大企业的体系,实现专业化生产,形成比较优势,为企业的生存和发展奠定坚实基础。

第二章 中小企业创业者学习模式

第一节 中小企业创业者与管理者、领导者

任何一个充满活力和竞争力的企业,在其前面都站着一位杰出的创业家。例如,通用汽车公司的强大得益于杰克·韦尔奇(Jack Welch)的改革才能;微软公司的兴盛得益于比尔·盖茨(Bill Gates)敏锐的洞察力;松下电器的辉煌则得益于松下幸之助杰出的领导才能。创业者是创业活动的主体。

一、创业者是创业活动的主体

(一)创业者的概念

爱尔兰学者理查德·坎蒂隆(Richard Cantillon)提出创业者是理性的决策者,愿意承担风险并有效地管理企业。他在 1755 年首次引入了"创业者"这一术语,并强调创业者需要在固定价格购入商品的同时,面临不确定的市场价格风险。

经济学家约瑟夫·熊彼特(Joseph Alois Schumpeter)在 1934 年着重强调了创业者在创新领域的核心作用,并将创业者赋予"创新者"的形象。他认为,创业者的职责在于通过新的生产要素组合推动经济变革,包括引入新产品、创新生产方式、拓展新市场、发明新的原

材料供应源以及组建新的组织等。

法国经济学家让·巴蒂斯特·萨伊(Jean-Baptiste Say)则将创业看作将生产要素协调起来的过程,认为创业者是生产过程中的协调者和领导者。他强调成功的创业者需要具备判断力、毅力以及广博的有关商业和贸易的知识,同时通过巧妙地组织生产资料,将资本、工资、租金、利息和个人利润重新组合,最终体现在产品的价值中。

英国经济学大师阿尔弗雷德·马歇尔(Alfred Marshall)给予创业者在企业中的多重领导职能,包括管理协调、中间商、创新者以及承担不确定性等。

奥地利学派的伊斯雷尔·柯兹纳(Israel M. Kirzner)则认为创业者需要具备敏锐发现市场机会的"敏感",这种敏感使得创业者能够以高于进价的价格销售商品,关键在于发现购买者的买价高于销售者的售价,并通过巧妙的定价策略实现盈利。

有研究数据显示,哈佛商学院培养了大量富有创业精神的人才,其中50%的毕业生在毕业后20年内创办了自己的企业,进一步证明了该学院对杰出创业者的培养贡献巨大。

(二)创业者与创业行为

创业者的个人素质和特质,如经验、知识、技能、能力、认知、情绪和动机等,需转化为实际的创业行为,这是创业活动成功开展的先决条件。创业者的行为是连接个人因素和创业结果的纽带,直接影响创业活动的最终效果,包括新企业的建立成败、其生存状况以及成长状态。因此,创业者行为在将创业者的个人素质转化为创业活动结果的过程中扮演着关键的角色。这一过程的塑造与决定,决定了创业者的各种个人因素如何演变为实际的创业成果。

(三)创业者与经济增长的关系

创业者是创新和经济增长的关键推动者,他们既是创业活动的核心,也是其主要驱动力。在企业中,创业者的角色可以从两个角度进行理解。首先,从生产角度来看,创业者是经营企业的专业人士,他们的职责包括组织和协调企业的生产活动,管理企业内部的运营,培养和激发企业内部的人力资源,改革企业内部的制度和机制,以及引领企业的重组和再造。其次,从交易角度来看,企业家代表着企业,应对市场和管理中的不确定性因素以及多方面的挑战。他们应该积极地分析市场的不同变化,要充分地利用自身的资源,和生产要素的所有者签订具体的合同,要保证不确定性进一步地克服,促进交易成本的有效降低,实现风险的科学承担,以期获得相应的回报。

彼得·德鲁克(Peter F. Drucker)在其著作《创新与创业精神》中详细地阐述了创业对经济增长所能产生的拉动作用,并针对性地提出了"创业型经济"的概念。创业可以为更多的新型成长型中小企业提供重要的支持。创业在实践的过程中,可以进一步促进经济的不断增长,也可以促进就业问题的解决,这充分地阐述了创业和经济增长之间具有什么样的关系。

二、创业者与管理者、领导者

哈佛商学院院长尼汀·诺里亚(Nitin Nohria)在他的著作《他们的时代——21世纪最伟大的商业领袖》中,把商业领袖划分为三种类型,分别是创业者、管理者和领导者。他认为,创业者是改变行业规则、创造全新事物的人,管理者是把企业从小做大、实现规模性增长的人,领导者是在企业遇到危机时将企业带向新生的人。诺里亚主要是从领导力的类型来区分三者,但是对一个领导者来说,这三种能力应该是结合在一起的。在企业发展的不同阶段,需要企业领导者更多体现或具备其中某种或全部能力。

(一)创业者与管理者、领导者的内涵

诺里亚把商业领袖划分为三种类型,其内涵如表2-1所示。

表 2-1 商业领袖的三种类型

商业领袖的三种类型	内涵
创业者	创业者不会被他们所处的时代与环境束缚,他们会给流程、业务,甚至整个行业带来革命性的改变。在这种变革中,他们会克服看似不可逾越的障碍和挑战,从而发现或创造全新的事物
管理者	管理者通常对他们身处的时代洞若观火。他们基于自己对时代与环境的深刻理解来占据优势,运营企业,从而塑造自己的业务,获得持续发展
领导者	领导者是那些当企业身处十字路口时,重振企业或整个行业的人。他们夯实业务,重塑产品和服务,重新调整组织架构与流程,让危机中的企业获得新生

(二)创业者与管理者

随着中小企业的发展壮大,经营管理过程是不可能只凭创业者的个人力量进行的。创业者应该认识到,创业活动和管理活动是不同的,管理需要主动谋划,并根据企业需要进行相应的调整,将全部或部分委托职业经理人进行经营管理,也就是要学会分权,企业的所有权和经营权分离,交由专业管理人员完成。

创业者和管理者之间存在紧密联系。德鲁克认为创业应该是管理的一部分,主要因为许多发明家虽然具备创新能力,但正是由于不善于管理,未能将创新成果成功产业化,从而成为未能持续发展的创业者。因此,大量的创业者对于自身从事的各项活动,对创造性行为比较强调,当然也会存在一些冒险的选择。管理者的行为对推理过程重视程度比较高,对客观的分析和研究依赖程度比较高。

在企业中,创业者不仅是企业的创始人和所有者,所兼任的角色还是很多的。创业者和管理者之间具有非常密切的联系,难以在企业中科学地割裂两者的关系。

为了跨越管理的各种障碍,企业经营管理需要融合两种不同思维方式的人才。实践证明,如果创业者在行业经验和企业管理方面缺乏深厚的背景,以及在建立长期战略方面缺乏能力,新创企业如果面临着相对较大的资金压力,长期战略比较缺失的情况下,难以生存,因此对于创业者,在各个不同阶段需要的素质也存在着较大差异。

另外,创业者行为与职业经理人也是不同的。创业者通常是为个人目标而奋斗,实现个人的理想。而职业经理人往往是凭借个人专业技能为股东创造利润以换取回报,实现个人的价值。

创业者和管理者的角色与技能是逐渐演变的。在大多企业组织中,都有最高层次的管理角色,即企业的首席执行官(CEO),是管理者。创业者可以成为CEO,但CEO不一定是创业者。创业者要胜任职业经理人的角色,必须向职业经理人角色转变,或者聘请一个优秀的CEO,并赋予其应有权力和责任,才能有利于企业发展。

(三)管理者与领导者

现如今,企业迫切地需要管理者迅速向领导者转变,从而提高企业竞争力,以应对市场挑战。因为无论你今天在做什么、做得多好,每个领导者都需要每天问自己:我明天如何才能做得更好?如果只是重复昨天做的事,明天你可能就落后了。这本质上都取决于领导者的核心能力,他对人、对公司的管理能力。所以不论商业模式怎样变,不论公司规模大小、处于何种发展阶段,领导力都是最核心的不变的东西。

约翰·科特(John Cotter)被誉为"领导力第一大师",他深刻地指出:"管理者试图控制事物,甚至控制人,但领导者却努力解放人与能量。"这句话在核心上揭示了领导与管理之间的辩证关系,为我们提供了深刻的领导学思考。

实际上,管理和领导是两个截然不同的概念。管理者的任务包括的内容还是很多的,如计划和预算的制订,组织和配置人员的确定,控制并解决各种问题等,最主要的目的促进正常秩序的建立。这有关规划和执行的科学性,注重的是组织的稳定性和效率。

相比之下,领导者的工作侧重点存在较大的差异,主要就是确定方向、整合相关者、激励和鼓舞同仁,最主要的目的是引领团队不断地变革和创新。领导力更强调对人的理解和激发,关注的是组织的未来发展和适应性。

这种辩证关系的理解不仅有助于区分领导与管理的本质,还为我们理解领导力的运行轨迹提供了深刻的洞见。领导者需要在管理的基础上注入激情、引领变革,从而推动组织朝着更具活力和创新性的方向前进。这种综合性的领导力,既注重组织的稳定和效率,又关注团队的激发和变革,是塑造一个成功组织的关键要素。

美国领导理论大师沃伦·本尼斯(Warren Bennis)在他的《成为领导者》一书中,阐述了领导者与管理者的主要区别。

1. 领导者负责创新,而管理者负责执行

领导主要是负责方向性的工作,起带领和引导作用,这意味着领导者需要提出经营理念和主张,并引领整个企业的前进。领导者必须注意不断开拓自己的眼界,制定新的战略措施。领导者需要了解当下最新的发展趋势、各种相关的研究成果以及先进技术。管理是日常性的、非决策性的工作,这就意味着管理者需要对现有的各种体系进行维护,时刻关注企业的经营底线,保持组织运转的可控度,管理者应防止其他混乱无序状况的出现。

2. 领导者依靠信任,而管理者依赖管控

领导者要鼓励他人发挥自己最大的潜能,并且了解如何为整个企业的运行设定合理的节奏和速度。领导力并非指自己做了哪些工作,而是他人对你做出怎样的响应。管理者的工作就是通过帮助员工提升个人财富,保持对员工的控制力,并且让他们发挥最大的才干。为了有效达到这一目的,管理者必须了解一起工作的员工,了解

他们各自的利益需求和情感需求。

3. 领导者是决策者,而管理者是执行者

在企业的运作中,领导者和管理者各司其职,发挥着不同而又互补的作用。领导者扮演着决策者的角色,是制定企业愿景和目标的引领者,而管理者则是执行者,负责具体落实和实现领导者设定的方向。

一个健康运转的企业必须同时拥有这两个角色。如果仅有领导者而缺乏管理者,领导者的战略意图和企业目标可能因为缺乏具体的执行而难以实现。反之,如果企业只有管理者而缺乏明确的领导者,管理者的努力可能会失去方向,无法有效地达到愿望和目标。

在实际经营中,创业者也需要不断适应企业发展的变化,并在不同阶段扮演不同的角色。成功的创业者最初是企业的拥有者,演变为管理者,最终则是领导者、教练。在发展的过程中,创业者需要进一步地调整自身的管理方案,逐渐摆脱过于强调"按我说的做"的方式。简言之,他们必须学会放权,建立起对团队的完全信任,这是创业者向管理者和领导者角色过渡的关键原则。

这样的发展轨迹不仅促进创业者个人成长,也为企业提供了更为稳健和可持续的发展路径。通过适时地角色转变,创业者能够更好地引领团队应对市场变化、提高执行效能,从而确保企业能够稳健前行。

第二节　创业者及企业家精神

关于创业者和企业家,国内外许多学者都进行了对比研究,前者是指企业的创办者,后者是指成型企业中负责企业经营决策的领导者。创业者和企业家都是企业的经营管理者,但创业者与企业家也存在诸多不同之处。

一、创业者与企业家的区别

在创业与企业经营的语境中,创业者与企业家之间存在着明显的差异,主要体现在以下几个方面。

(一)事业阶段的不同

创业者重点涉足的是初期阶段,该阶段的不确定性较大,创业者创办企业也可能会夭折。而对于企业家的企业,处于发展或较为成熟的阶段。这个差异也体现在他们对事业的关注点上。创业者更注重企业的初始建设,而企业家更倾向于关注内部管理的科学化,致力于提升企业的稳健性和可持续性。

(二)心理特征的不同

创业者在初创阶段面对着诸多环境挑战,企业的命运与创业者个人的命运处于紧密连接的状态,很大程度上在心理和情绪方面会出现较大的波动。企业家本身已经经过了市场的长久考验,本身的心态是非常谦虚与平和的,企业家已经积累了非常丰富的经验,在决策的过程中,非常稳健,情绪波动不会对其产生较大的影响。

(三)经营理念的不同

一般情况下,创业者对短期直接利益的关注度较高,主要是由于他们和投资人利益处于相互联系的状态。这种关系导致创业者容易陷入短视的经营理念,专注于迅速创造利润。相反,企业家一方面会对财务创造大量的追求,另一方面也会给予长期社会价值的创造高度重视。他们的眼光是比较长远的,对影响企业长期发展的因素关注度较高,自身可以承担的社会责任更多。

(四)职能的不同

创业者的主要职能是随时发现、利用和创造机会,因此其职能主要集中在对外方面。他们擅长把握外部环境变化,通过独特的洞察力和分析能力获取市场信息。与之相比,企业家的职能更加广泛,既包括对外职能,也包括对内职能。企业家更加注重企业内部的治理,关心责任、权力、利益的平衡。

(五)能力要求的不同

创业者的能力主要集中在应对环境变化和整合资源的个人能力。相比之下,企业家需要更多的内部管理能力和高层战略决策能力,因为他们处理的事务更为广泛和复杂,对综合能力的要求也更高。在企业经营的更高层次上,企业家需要具备深刻的洞察力和战略眼光,以确保企业能够在竞争激烈的市场中稳健发展。

二、企业家和企业家精神

(一)企业家的概念

"企业家"这一术语最初源自法语,原本描述的是那些愿意冒险投身事业的经营者或组织者。然而,到了20世纪中期,关于企业家的概念逐渐演变并得到重新定义。在这一新的框架下,企业家的主要行为特征被归纳为对创新的不懈追求。

熊彼特认为,所谓的企业家实际上是那些能够实现经济要素新组合的人,是经济发展的引领者,其核心作用在于推动创新,即实现新的组合形式。他进一步强调了企业家精神的实质和特征,将其定义为从事"创造性破坏"的创新者。这一角度更深刻地揭示了企业家作为创新的推动者的本质。

弗兰克·奈特(Frank Knight)对企业家提出了更强调决策的观点。他认为,企业家是在极不确定的环境中做出决策的人,必须对自己的决策后果负责。这种决策的承担和背负使得企业家在动荡不安的市场环境中显得更为坚韧和果断。

马克·卡森(Mark Casson)则将企业家视为专门从事对稀缺资源的配置做出判断性决策或非程序化决策的人。这种定义凸显了企业家在资源有限的情况下,通过判断和决策来实现企业的最佳配置。

这三种不同的定义各自侧重于不同的方面，但它们共同的内核在于强调创新或创新决策。因此，从产品创新到技术创新、市场创新以及组织形式创新等多个层面，企业家都表现出对创新的持续追求。这种追求创新的精神正是市场竞争所内在要求的，使企业家成为推动经济不断发展的关键力量。

（二）企业家精神的内涵

对于企业家精神的深入研究早期主要集中在中小企业，探讨如何抓住机遇并成功创建新企业，因此，企业家精神常被理解为创业精神。

国内学者从多维度对企业家精神进行全面探讨。汪丁丁将企业家精神概括为三个关键方面：首先是熊彼特所提到的"创新精神"，其次是德国学者韦伯（Max Weber）所强调的"敬业精神"，最后是美国经济学家诺斯（Douglass C. North）从新制度经济学中提出的"合作精神"。这些元素共同构成了企业家在不同领域中表现出来的多重特质。

高希均对企业家精神提出了四个关键特质，包括具备创意、胆识、敢于投资和愿意承担风险。这表明企业家不仅是理论家，更是实践者，具备在复杂环境中决策和行动的能力。

贾良定和周三多运用德国古典哲学的"精神"概念，重点将企业精神划分为三个不同的层次。这种分析方法有助于深入理解企业家在不同维度上的表现，凸显了企业家精神的多层次和多元化。

1. 企业家精神和概念

企业家精神本身和领导力存在着非常密切的联系。对于大量成功创业者、优秀的企业家，我们能够看到他们对于某项任务的专注和深度思考，他们敢于抵制潮流的引诱，即使面对诸多的困难，他们也不会将自己的目标轻易地放弃。在创业的过程中，他们的精神是非常坚定的。他们能够成功创业，源于他们无比明确的方向，具有更高的担当。面对现状,一直保持着挑战的态度,敢于坚持自己的独到见解。

如果出现了较大的道德抉择问题,遇到了一些不公平的现状,他们不会选择回避,会大胆地发表自己的看法。即使面对很多不诚信的问题,他们也会保持良好的诚信。企业内部建立的规章制度是非常明确的,可以对员工起到很好的激励作用,如果有些员工存在违纪行为,可以实现对其严格的约束,确保企业能够高效运转。这种组织内的规范化管理既有利于员工的发展,又有助于构建一个健康有序的企业环境,从而推动企业朝着既定目标稳健地前行。

2. 企业家精神解读

比起经验和具体知识,创业者必须学习的一本"秘籍"。创业者对理想坚定不移,是原始动力;持之以恒,而后在领域内愈优愈精;达成目标,才能完成从创业到志业的转化。关于企业家精神的内容涉及广泛,主要可以概括为以下几方面。

(1) 冒险精神

成功的企业经营者,要成为卓越的企业家,自身应该具有较强的冒险精神。

(2) 创业精神

创业精神包括的内容相对较多。创业者应该具有积极进取的精神,要能够打破传统思想的束缚,要能够具有顽强拼搏的精神,要高度重视自己的职业,时刻保持着勤俭节约的精神。

(3) 创新精神

创新是企业家灵魂的塑造者。历史上,许多创新者和发明家最终变成了杰出的企业家,如诺贝尔、爱迪生、史蒂夫·乔布斯和比尔·盖茨等。因此,对企业家而言,不创新几乎等于停滞。历史上有很多生动的例子,比如柯达公司创始人乔治·伊斯曼,他一生致力于感光材料的发明创新。他发明的东西使摄影成为日常,自己也因此成为富豪和企业家。然而,即使在成功和致富之后,他并未受财富羁绊,仍然不懈地投身于新感光材料和技术的创新。晚年时,他还发明了 35 毫米的彩色电影胶片。

对企业家来说,创新能力不仅要求在技术、管理和体制方面有所突破。他们自身也会具有相对较强的领导组织能力,他们可以实现创新型组织,可以实现富有创新型组织的不断打造。

(4) 合作精神

企业家能够取得巨大的成功,拥有合作精神也是非常重要的。目前经济全球化的速度不断加快,企业竞争变得越来越激烈,在较为复杂的竞争环境中开展合作是非常有必要的。为了保证目标的实现,只依赖于自身的资源是不够的,需要更多的合作伙伴,进一步地促进资源优势的形成。通过彼此之间的合作,可以促进目标实现可能性的不断增加,成本也可以有效地降低。

(三)创业者应成为有企业家精神的管理者

企业家是企业发展的灵魂与核心,"有企业家精神的管理者"是很多创业者想要实现的理想目标,企业要想更好地发展,实现可持续发展,培养自己的企业家精神以及专业化管理特征是非常必要的,要进一步加强自身与优秀创业者和管理者的融合,这是新时期企业对创业者的新要求。

第三节　中小企业企业家能力

每一个企业成功的背后都有优秀的企业家。企业只有拥有优秀的带头人,才能够取得更大的成功。

在中小企业成长和发展的过程中,企业发挥的作用是非常关键的。企业家可以进一步促进企业经济的不断增长,为不同区域经济的增长提供良好的推动力。目前,市场竞争的激烈程度越来越高,企业家应该学会更加科学合理地利用各种资源,加强资源的合理配置,进而促进自身核心竞争力的不断提升。要能够积极地采取应对风险的措施。总体来说,企业家本身应具有较强的综合能力。

一、企业家能力演变

(一)企业家能力的概念背景

有关企业家能力的研究始于18世纪,主要针对能力与企业成长关系的探索,且对其的理解存在一定的差异。有关企业家能力的研究:一是出现在与能力概念相关的文献中,揭示了能力与企业创立的关系;二是出现在与企业家概念相关的文献中,探索了对企业生存及发展之间的关系。由于企业家能力对企业创立和企业成长的作用重大,因此逐渐发展成为研究的热点。关于企业家能力的概念,至今还没有一致的界定。

(二)企业家能力的演变解释

有关能力理论的研究最早是由美国学者理查德·博亚兹(Richard Boyatzis)提出的,随后引入对企业家的研究。目前,多数研究基本上是围绕分层和构成来解释企业家能力要素演变的。

通过对企业家个体视角进行研究,研究领域得以拓展,企业家精神的深入研究也取得了新的进展。通过对企业认识特点和行为特征的详细分析,最主要的目的就是探究企业家自身应该拥有哪些领导能力,这些能力对企业的绩效会产生什么样的影响。

基于过程和行为视角的研究进一步拓宽了我们的研究视野,创业行为中蕴含的企业家能力还是非常丰富的,企业的经营决策过程中也实现了各种能力的充分体现。学者杨俊重点对创业行为过程和企业家能力之间的关系进行了详细的分析和研究,并得出一些指导性结论。企业家能力应该包括以下几方面,主要是机会相关能力、战略相关能力、关系相关能力、组织相关能力、概念相关能力和承诺相关能力等。这一维度的研究为我们深入理解企业家的角色和能力提供了更全面的认识,为推动企业家精神的发展提供了有益的参考。

基于多维与测量视角的研究开始了实证探究,用于验证企业家能力与绩效的相关性。如贺小刚用定量分析的方法,设置了六个相关测项,进行了企业家能力与企业绩效的相互关系的验证。

综上所述,资源理论认为,企业是一些资源的集合体,如资产、技能和能力。但这些资源并不能就此给企业带来利润,还需要企业家在企业的经营和管理过程中进行配置整合,才能创造企业的利润,产生企业的价值。因此,企业家能力是一种整合能力,源于其多维的研究角度,是创业行为过程中识别、发展、完善资产过程的能力需求,与企业的成长、核心竞争力、绩效息息相关。

二、企业家能力与创业行为的价值关系

随着研究的不断深入,研究者们从创业理论的能力视角探讨创业与企业家能力的互动关系,发现其能力往往是通过嵌入创业行为而表现的,是变化和发展的。从层出不穷的创业研究成果中日益认识到创业能力就是蕴含在创业行为中的企业家能力。因此,为了更全面地了解企业家能力理论框架,开始从创业行为过程出发,研究企业家能力在创业行为中的价值。

(一)创业精神与创业行为

企业家善于发现市场机会,能够用适当的策略去实现目标,能够创新盈利的机会等,这是企业家创业精神的核心。熊彼特提出,真正打破了经济平衡的是企业家的"创造性破坏",它为创业者创造了更多的经济机会。在复杂的经济形势下,企业家在创业精神的指导下能够发现市场机会,并引导企业向盈利的方向发展。

(二)冒险精神与创业行为

企业家善于以先动的、创造性的活动在不确定的环境中开辟道路,能够承担风险,为创业行动注入活力、增加企业动力、增加企业利润。

(三)创新精神与创业行为

企业家是从事"创造性破坏"的创业者,突出体现在管理方式的

创新和管理方法的创新上。与管理者相比,企业家更应该创新,主要体现在机会识别和创新过程两方面。根据熊彼特的解释,企业家代表着创新,创新即为重新组合生产要素。当一个企业的创新性增强了,企业内的创业行动也会随之发起,从而实现这种"新组合",促进企业成长。

三、企业家能力构成要素

创业本身是非常重要的技能,也在很大程度上彰显着企业家自身的能力,对机遇的敏锐洞察是其最为重要的驱动力。

(一)企业家能力的本质

从创业理论角度分析,企业家能力重点反映为企业家在创立或者运营企业的过程中所展现出的各种能力。

(二)企业家行为过程要素

针对企业家的行为过程,通过收集与整理大量史料文献,得到影响其创业行为过程的关键要素。具体体现在:

①宏伟梦想是企业家行为过程中的重要内在动力;

②机会警觉是企业家的关键行动,需要他们在各个领域去洞察,去发现;

③创新行动是企业家的核心职能,需要在各个领域去引发,去造就;

④坚强意志力是企业家的重要特质;

⑤学习活动是企业家在信息、知识或经验的传播过程中,不断观察和学习,并进行创造与传播,以支撑创办新事业;

⑥行动策略是企业家的重要策略,需要不断地发展社会关系,确保组织内部运营的顺利进行;

⑦推动现代化是企业家的社会使命,需要勇于承担起教育与慈善的责任,推动社会发展。

(三)企业家能力构成要素

在创办和经营企业的过程中,创业者能否成功完成这一转变,关键在于是否具备一种独特的思考和行为方式,而这种特质构成了企业家能力的基本要素。企业家能力的构成要素主要包括以下几方面。

1. 发现机会能力

在初创企业中,企业家被视为潜在的机会发现者,在创业行为中,这一角色显得尤为重要。成功的企业家拥有敏锐的机会发现能力,这包括搜寻、识别和评价机会三个方面。企业家具备强大的机会发现能力,能够高效地搜索和处理信息,迅速识别潜在市场机会,并评估其对企业发展的适应性。这种能力本身就是一种稀缺资源,对市场的敏感度可以为企业带来丰厚的回报。

2. 战略管理能力

作为企业管理者,企业家在新创企业中扮演领导角色,这在创业行为中至关重要。成功的企业家需要具备高瞻远瞩的战略决策能力,为企业提供经营活动的方向。战略管理能力使企业家能够及时调整战略目标和经营思路,对抗竞争环境的变化,理性判断并合理配置资源,从而使企业获得竞争优势。

3. 资源配置能力

企业家的资源配置能力涉及调动企业内外部资源,将其投入最佳用途以获取最高回报。这一能力主要表现在产、学、研合作的战略框架下对企业的人、财、物的整合和配置,包括构建管理团队、设计组织机构以及有效配置企业资源等方面。

4. 组建关系能力

作为企业的管理者,企业家的关系组建能力对企业具有积极影响且至关重要。企业家需要不断与员工、顾客、供应商等各方面建立联系，通过政府沟通，协调竞争者之间的关系，积累更多社会资本，构建健康的关系网络。尤其在创业初期，通过关系网络活动，帮助企业获取所需信息和资源，解决矛盾，减少利益冲突，实现产品市场化，使企业在有利的环境中茁壮成长。

5. 压力承受能力

在创办企业或经营活动的过程中，企业家难免会面临压力、倦怠、挫折和打击，这几乎是一种常态。因此，成功的企业家需要具备抗压能力，不因挫折和打击动摇目标和方向，而是将这些负面因素转化为动力，积极应对各种突发事件，使自身和企业得以顺利化解危机，继续发展。

6. 创新能力

企业家是战略创新的核心，是创新活动的发起者和执行者，也是企业创新的主体。企业家的创新能力体现在对市场和经营状况的灵活调整，对新技术的创造、新产品的研发等方面。通过挖掘新资源，企业家能够使企业在激烈的竞争中实现差异化，开拓新市场，为企业创造更多效益。同时，通过创新理念和方法，企业家改变企业运作机制，培养创新文化，提高企业创新能力。

7. 学习能力

学习能力是企业家的基本素质，对企业发展起着至关重要的作用。创业过程本质上是一种学习过程。企业家通过持续学习，增加知识，完善技能，改进经营策略，倡导企业文化建设，指导企业管理运作，为企业发展注入积极力量，激发创业者提高创业能力的动力。

第四节　基于创业者视角的创业学习模式

创业，作为一种经济活动，实质上是一个充满学习的过程。这种学习不仅是理论上的知识积累，更是在实践中不断调整、适应的过程。这种观点有助于更好地理解创业行为,因为创业者在不断迭代的环境中,通过经验积累和反思,逐渐领悟并应对复杂的商业挑战。

创业学习对于新创企业的成长起到了积极的作用。这种学习过程激发了创业者提高创业能力的动力。正是通过面对市场的不断波动和竞争的考验,创业者在实践中汲取经验,不断优化经营策略,从而更加熟练地运用所学知识来推动企业的发展。

因此,可以说创业学习是创业者能力提升的一条重要途径。这种学习不仅涉及行业知识的更新,还包括领导力、决策力等方面的提升。在创业者的职业生涯中,不断地学习和适应是取得成功的关键,而这种持续地学习过程正是创业者能力不断提升的动力源泉。

一、创业学习研究的发展演化

创业学习研究从 20 世纪 60 年代的"特质论"研究阶段开始,主要关注创业者与非创业者之间在特质方面所体现出来的性格特征的差异,但因缺乏经验研究的实践支持而落败。之后过渡到 20 世纪 90 年代的"创业过程"研究阶段,对创业者行为和成功企业之间的联系高度关注,分析如何实现经验的不断转化,如何获得更多的创业知识,如何向成功企业家不断地转变。直到最近十几年的"创业学习"研究阶段,主要关注创业本身就是一个学习过程,应该从一切事物中进行学习,因而发展成为创业学习理论研究。

二、创业学习的概念界定

(一)基于经验视角的创业学习界定

基于经验视角的创业学习界定强调信息和经验的获取和转化,能够将已有知识有效地转化为新知识,继而提高知识的储量。这种观点认为,经验学习是创业学习最重要的形式。

(二)认知视角下的创业学习定义

如果从认知视角对创业学习进行定义,学习主要反映为对外部经验的不断塑造。它能有效地将外部获取的知识和结构重新整合到个体内部的经验之中，从而扩充个体的信息储备。这种学习方式不仅包括信息的获取和存储，还牵涉信息的记忆和提取等多方面。基于这个观点，认知学习被视为能够潜移默化地引发个体潜在行为的变化。

认知视角下的创业学习并非简单地接受外部信息，而是通过对外部经验的内化和转化，促使个体在认知结构和认知过程上发生变革。这种变革直接影响着创业者的行为模式和决策，进而对其创业过程和成果产生深远影响。

因此，认知学习不仅是关于获取知识，更注重个体对这些知识的吸收、整合和运用，从而构建了更为丰富和深刻的认知体系。这种视角下的学习不仅是为了积累信息，更是为了启发创业者的潜能并引导其行为的变革和发展。

(三)基于行为视角的创业学习界定

侧重于强调创业学习作为一个持续积累的动态过程。在这一观点下，创业者的学习不仅是关于理论知识的获取，更是一个贯穿整个商业发展周期的实践之旅。从最初产生的商业直觉到最终成功开发出成熟的产品或全新服务，这一连续的经历从本质上构成了创业者的学习过程。

这种行为视角的创业学习定义揭示了创业者在整个创业过程中的不断适应和调整。从最初的商业直觉开始，创业者通过不断地试错和实践，逐渐汲取经验，改进商业模型，以迎合市场需求。这一过程既包括对失败的吸取教训，也涵盖了对成功的总结和提炼。

总体而言，基于行为视角的创业学习界定强调了创业者的实践经验对于其学习曲线的关键性影响。创业者不仅是知识的获取者，更是在行动中不断演绎和修正，从而不断提升其在商业领域的能力和洞察力。这种连续地学习过程使得创业者能够更灵活地适应市场的变化，更富有创新精神地面对挑战。

三、创业学习方式及特征

关于创业学习的研究,主要代表观点分为两个不同的派别。一是创业学习是创业者个人行为的体现;二是认为创业学习是整个新创企业的行为。但无论从哪个派别分析,对创业学习的解析都是类似的。目前,新创企业组织结构的完善程度还相对较低。目前广泛接受的观点更倾向于强调创业者在个体层面上的学习。

曼恩通过自己的研究分析,将创业学习看作是创业者或者企业的一些核心能力。创业者主要通过创业学习的过程,并实现创业知识的积累。通过专业知识的学习,可以促进其创业视野的不断扩展。创业者可以充分地利用创业学习知识,实现企业的科学创建,为企业的不断发展提供重要的支持。从根本上来说,实践学习的过程是在经验学习和认知学习的基础上开展的,这样就可以为创业者提供更加良好的学习体验。

四、创业学习作用机制分析

(一)创业学习与新创企业成长

通过创业学习的过程,企业可以获得自身所需要的知识,可以进一步实现企业的科学开发、创建和管理。通过该过程,可以帮助企业获得更多的竞争优势,可以进一步地促进自身绩效的不断增加,促进自身核心竞争力的不断培养,可以让企业更好地适应市场环境的不断变化。

创业的初期,创业者一般都是凭借经验来学习,他们会充分地利用学者的经验,将自己所获得的各种见解和经验向知识不断地转化,进而促进创业知识框架的不断拓展。通过经验的借鉴,可以帮助创业者充分地了解自身的能力,对外部环境科学地分析,积极地寻找更多的潜在创业机会。

随着企业的不断发展,创业者开始采取更多的认知学习方式,开始充分地借助交流以及观察等方式,对外部市场环境的变化综合分析，详细分析自身的实际情况，对他人的行为方式积极地模仿，实现创业知识的不断重塑，从而为企业的长久发展奠定良好的基础。

当企业不断地发展，进入到成长期，创业学习对企业的成长关注度越来越高，开始进一步巩固自身在市场中的主要地位。创业者开始积极地开展认知学习和实践学习，获得更多的知识。通过社会实践过程的利用，将学习和实践的情境有机地结合起来，充分地借鉴优秀企业的经验，加强自身已有观点的不断修正和总结，衍生出更多的新型创业知识。

这种不断演进的学习过程是新创企业成长过程中不可或缺的一部分，能够帮助创业者更加适应不断变化的市场环境，为企业的可持续发展奠定坚实的基础。

(二)创业学习与机会识别应用

在新创企业的发展过程中，创业者面临着多样化的挑战，创业者应该不断地创新，创造更多的创业计划。目前关于计划的识别研究分析，重点就是借助其他企业家的一些经验、知识、创造力和认知能力等，借助信息的存储以及利用完成计划来获得。但是关于信息获取和转化的研究还相对不足。

机会识别通常被看作是非常具有创意的过程，包括的阶段重点分为四个阶段，也就是准备、孵化、评估和细化，重点对创业学习的各个目标和方式重复地反映。这种系统性的创业学习和机会识别应用不仅丰富了创业者的认知和技能，还为新创企业在竞争激烈的市场中找到了更为可持续的发展途径。

(三)建立创业学习模式框架

研究创业学习对于创业者在发现机会和获取资源方面具有重要的指导意义。创业者可以通过借鉴前人的经验，将经验转化为新知识，探索新的可能性，以避免新创企业在发展过程中遇到的机会识别难题，要尽可能地避免出现一些新的危机。在此过程中，也需要对创业者的各种行为科学地观察和反思，要充分地开展认知学习，实现创业直觉的科学培养,探究哪些问题可以解决问题。通过这些过程的开展,可以为创业者学习创业活动提供重要的支持。蔡莉等人重点对创业学习理论进行了汇总分析,基于创业者、创业学习和创业环境三者的相互作用关系,构建了创业学习模式框架,其详细呈现如图 2-1 所示。该框架详细阐释了在新创企业发展过程中,创业者如何发掘机会和利用资源的作用机制。

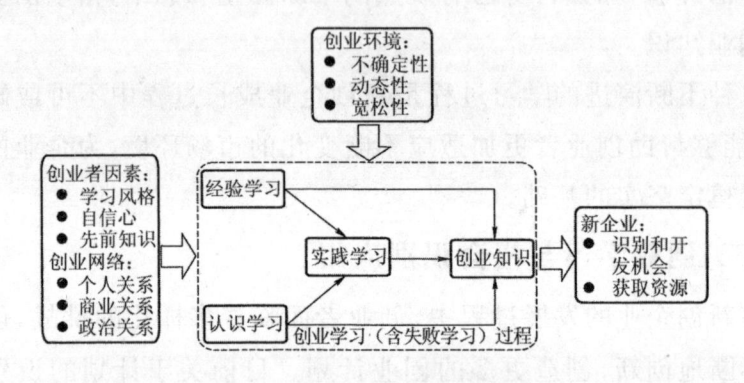

图 2-1 创业学习模式框架

在新兴企业的发展过程中,创业学习扮演着重要的角色。创业者通过采纳多样的创业学习方式,能够不断积累和创造独特的创业知识。这种学习过程不仅有助于克服发展阶段中的创业困境,还能够全面挖掘新的机会,获取必要的资源,为新兴企业的长期存续和成功奠定基础。目前,很多的学者开始从各个角度研究分析创业学习对整个企业的发展会起到什么样的作用。创业学习的研究不仅能够强有力地解释创业行为,而且凸显了其对创业活动的有效性,为提高创业成功率提供了新的思路。这种深入的学术研究不仅为创业者提供了有力的指导,同时也为创业领域的实践活动注入了新的智慧。

哈佛商学院院长尼汀·诺里亚(Nitin Nohria)在接受《哈佛商业评论》中文版的专访中提到,面对今日之世界,人人都要具备创业者精神,都应该以创业者的姿态去面对 21 世纪所有的变化与挑战。

第三章 中小企业财务管理的改革与创新

第一节 中小企业财务管理存在的问题

目前,我国改革开放的力度在不断地加大,国民经济的发展速度越来越快,中小企业所扮演的角色也越来越重要。中小企业的不断发展,在很大程度上促进了我国综合国力的不断提升,对我国就业市场提供了巨大的帮助,我国就业难的问题也得到了有效的缓解,进一步地促进了我国社会的不断稳定,促进我国实现可持续发展。

从我国的整体经济发展格局来分析,中小型企业占据着主导地位。然而,近年来中小企业的整体发展形势并不乐观。这一现象在我国整体经济发展架构中引发了广泛关注。虽然中小企业在经济生态系统中发挥着关键作用,但它们面临的挑战也显而易见。

中小企业在市场竞争、融资难题以及技术创新压力等方面都面临着一系列的困扰。这些问题不仅制约了它们自身的发展,也对整体经济产生了一定的负面影响。因此,为了更好地促进中小企业的健康发展,需要采取更为有力的政策和支持措施,以推动其在我国经济中发挥更为突出的作用。这对于实现经济的可持续增长和全面发展也会产生非常大的影响。

一、我国中小企业财务管理现状

(一)机构设置

我国很多中小企业在财务管理部门设置的过程中,重点将其职能定义为企业流转资金的科学组织和管理,借助较为全面的管理手段,实现企业自身财务行为的科学控制。从本质上来说,财务管理机构应该是企业比较重要的职能管理部门。而从组织形式上分析,我国的很多中小企业财务管理结构重组是由两个不同的机构合并形成的,也就是所谓的企业账面财务、会计核算审计机构。通过这两种机构的融合,可以保证企业财务和会计管理的组织形式优势特征更加地明显,企业的财务会计管理组织也会更加的规范。

(二)岗位设置

从目前我国很多中小企业的管理和组织模式方面来看,传统家族式管理的现象还是比较严重。由于这些情况的存在,企业的财务会计管理机构在岗位设置的过程中,重复交叉的问题比较突出。很多中小企业管理者自身的能力和思想也是比较有限的,并没有认识到财务管理职能对企业的重要作用,企业自身的管理机制有待进一步的整合。

(三)职能效率

如果从宏观的角度分析,财务管理本身属于综合性较强的工作。重点就是加强财务活动的组织和关系的梳理。企业发展的过程中,很多企业并没有认识到财务管理工作的重要性,却在企业经营发展的过程中,对企业的生产效率、生产营销效果等盈利情况极其重视。由于企业管理和经营模式不是非常合理,对企业整体效益的提高产生了非常不利的影响,难以促进企业实现专业化和产业化发展。

(四)融资模式

如果从融资模式的角度分析中小企业,我国中小企业个人经营管理模式在实际融资方面表现得比较突出。中小企业本身的个体私营化特征非常地明显,具有相对较高的自由度,面临的风险也相对较低。融资方式也没有合理性。由于这种情况的存在,对中小企业的财务稳健性会产生较大的影响,如何采取更加规范和透明的融资管理手段值得去研究和分析。

二、中小企业财务管理存在的问题

(一)经营风险高同时融资困难

从我国中小企业的发展情况来看,发展势头依然比较迅猛。自身的管理经营水平还不是很高,经营过程中也面临着诸多的风险,导致这些情况出现的原因是企业没有建立健全自身的内部管理机制,还难以实现相关效能的充分发挥。很多中小企业本身的整体产品生产工艺水平还不是非常先进,难以实现产品质量的科学保障。这种情况给企业带来了高经营风险的挑战,也使得融资变得异常艰难。

在这个背景下,如何提升中小企业的管理水平,加强内部协调机制的建设成为当务之急。只有通过提升管理效能,优化内部运作,企业才能更好地应对激烈的市场竞争,减轻经营风险。同时,注重技术创新和提升产品生产工艺水平,将有助于提高产品质量,增强企业的市场竞争力,从而改善融资状况。这一系列的改进举措将有助于中小企业实现可持续发展,为其在市场中立足创造更为有利的条件。

(二)管理人员融资意识薄弱

管理人员融资意识薄弱在中小企业中是一个普遍存在的问题,主要表现在两个方面。

首先,我国中小企业数量较多,但是现代化管理经验较为缺乏,如果出现了一些负债问题,不知道如何下手。企业也没有认识到企业的负债和运营利润之间具有什么样的关系,难以科学地审视企业的融资问题,并找到相应的解决方案。这使企业在面对融资挑战时手足无措。

其次,中小企业的管理人员依旧保持着传统的管理理念,难以理解现金流规划和企业利润等内容,难以实现企业的科学管理。企业管理者也没有深刻地理解资本价值以及如何实现现金最大化,资本效益还难以充分地发挥自身的作用。这种传统管理理念可能导致在资金运用方面存在一定的局限性,影响企业在市场竞争中的灵活性和应变能力。

解决这一问题的关键在于提升管理人员的融资意识和现代管理理念。通过加强培训和教育,使管理人员更好地理解负债与企业运营的关系,推动他们从战略的角度看待融资问题,以更为积极、系统的方式面对融资挑战。同时,引导管理人员更注重现金流规划和企业利润评估,从资本效益发挥的角度全面考虑资金运用,有助于提升企业在复杂市场环境中的经营水平,实现可持续发展。

(三)财务管理制度不健全

企业财务管理制度的完善程度对企业的发展所产生的影响是巨大的。企业内部财务管理制度是否健全,在很大程度上影响着企业的实际经营效果。从我国中小企业的发展情况来看,财务管理制度的不断发展与进步扮演了关键性的角色。

当企业自身的财务管理制度较为健全时,财务管理制度不仅是为了满足法规和规定的要求,更是为了在企业内部有效组织、监督和管理财务活动。这种制度的健全程度直接关系到企业的财务透明度和稳健性。一个规范、科学的财务管理制度能够确保企业的资金得到合理利用,降低财务风险,提高企业整体的经济效益。

在中小企业的竞争中,良好的财务管理制度不仅有助于提高企业的内部运营效率,还能够在市场中赢得信任。对企业而言,及时而准确的财务信息是制定决策的基础,而一个健全的财务管理制度可以保证这种信息的及时性和准确性。因此,加强对财务管理制度的建设,提高其科学性和适应性,对于中小企业实现稳健发展至关重要。

(四)有效信用担保体系欠缺

企业社会信用体系的不完善,可能导致企业提升诚信度极具挑战性,造成企业无法获得社会认可。这一现象影响企业获得社会正面反馈的能力。为了保证这方面的问题更加合理地解决,可以从银行方面着手,积极地为中小企业提供一些信用贷款,积极地建立各种类型的贷款分担机制。

这种措施的实施可以在多方面发挥作用。首先,银行增加无抵押、无担保信用贷款,有助于降低中小企业融资的门槛,为其提供更多的融资机会,推动其发展壮大。其次,建立多渠道的贷款风险分担机制,有助于分散风险,降低金融机构的风险压力,更多地支持中小企业的发展。最后,政府有关部门要采取科学的引导政策,积极地开展投资,让全社会都能够给予中小企业更多的支持,促进更加多元化融资方式的形成,为中小企业的健康发展提供重要的支持。

这一综合性的举措能够有效填补信用担保体系的不足,为中小企业提供更多且更灵活的融资途径,助力其发展壮大,同时鼓励了更多的社会主体参与到中小企业融资支持中来,为经济发展注入更多活力。

第二节　中小企业财务管理的对策

一、政府提供专项资金支持

我国已经设立了专项资金,重点就是为中小企业的发展提供支持。通过该资金的设置,可以实现中小企业融资方面压力的有效缓解,还可以促进专项资金服务能力的进一步提升,还可以充分地借助互联网信息平台,实现业务信息的及时报送,为企业提供更为便捷和高效的服务。

政府专项资金的设立为中小企业提供了额外的资金来源,有助于它们克服融资难题,加速发展步伐。这种专项资金的支持也体现了政府对中小企业发展的关注和支持,为其提供了更多的发展机会。通过网络化信息平台的运用,政府能够更好地了解企业的需求,及时响应并提供相应的支持和帮助,使得支持措施更具针对性和实效性。

这种政府提供专项资金支持的措施不仅有助于解决企业的融资难题,更重要的是能够推动中小企业的健康发展,促进经济的持续增长。政府的支持也为中小企业创造了更有利的经营环境,激发了其创新活力和竞争潜力,有助于形成更加活跃和有活力的市场格局。

二、提高财务管理人员素质

为了提高企业的整体运营水平,加强财务管理人员各项业务能力的培训是必要的,主要目的是促进其素质的不断提升。中小企业的财务管理人员应该加强自身业务能力的不断提升,工作的过程中保持严谨的态度,不断地学习,进一步促进自身知识结构的不断完善。

有必要对财务管理人员进行有针对性的业务能力培训,以全面提升其素质。中小企业的财务管理人员应该具备出色的业务技能,保持端正的工作态度,并持续学习,以不断完善和更新个人知识结构,适应不断变化的竞争形势。在当前新的竞争环境下,提升财务管理水平尤为关键。这种全面的素质提升将有助于构建更具竞争力的财务管理团队,为企业的可持续发展奠定坚实的基础。

三、完善财务管理制度

为了保证企业的财务管理具有较高的有效性,公司内部的财务部门应该充分地明确自身的主要职责,要积极地加强较为完备的财务管理规章制度的建立,企业要进一步地加强企业内部财务的科学管理,加强经济账目的核算,促进资金整体使用效率的稳步提升,保证不同部门的资源都可以实现最大化。

财务管理的明确职责和规章制度的建立对于企业是至关重要的。首先，明确定义财务管理部门的职责范围可以确保财务工作的高效运转，并有助于规范财务管理流程，避免信息不畅、职责不清所带来的问题。其次，建立系统完善的财务管理规章制度有助于提高企业对资金的运用效率，有效避免浪费和不必要的支出，并确保资金合理配置，进而优化企业资源的利用。

此外，积极遵守税收法规也是完善财务管理制度的重要环节。合法遵守税务法规不仅是企业应尽的社会责任，也是提高企业信誉度、降低经营风险的必要举措。通过规范的财务管理制度和合规纳税，企业可以更好地维护其稳定发展和良好形象，并有利于在市场竞争中获得更有利的位置。

四、健全信用担保体系

为了保证中小企业信用度进一步的提升，加强我国信用担保体系的建立健全是非常必要的。这对于我国中小企业的可持续发展可以提供重要的支持，可以有效地解决我国实际发展过程中遇到的各种类型的融资问题，信用担保在很多情况下都被看作是风险相对较高的行业，因此加强风险防范措施的采取是非常必要的。

目前，我国社会主义市场经济的发展速度还是相对较快的，全球经济化水平也在不断地提升，中小企业发展过程中，竞争变得越来越激烈。中小企业发展的过程中，应该充分地借助政府部门的力量，要进一步地促进中小企业产业的不断转型和设计，实施更多的创新型发展战略，为我国中小企业的发展提供重要的支持。

为了保证该目标的顺利实现，我国中小企业应该进一步地提升自身的整体管理水平和综合素质。企业要将自身的产品以及服务进一步地细化，保证自己的产品可以实现特色化生产，更好地适应中小企业未来不断的转型，促进中小企业实现创新型发展。这将有助于提高企业的竞争实力，使其在激烈的市场竞争中更为卓越。

第三节　中小企业财务管理行为的规范与优化

一、完善财务管理体系，加强对中小企业的资金控制

首先，为了保证中小企业可以实现更加科学的资金控制，加强自身财务管理体系的不断完善是非常必要的。在此过程中，要尽可能地摆脱传统分散财务管理模式的束缚，建立更加有效的资金结算机制。中小企业也可以将自身在外部的一些银行开户消除，由专门的结算机构统一负责银行开户的主要职责。这一改变将实现对收入和支出更为精细地控制和管理。

其次，为确保资金的高效利用，结算机构要对不同部门的资金去向进一步地追踪和分析，要详细地了解收入以及支出的具体情况。通过科学的监控过程，保证资金可以实现有效地控制，保证资金周转速度进一步加快，进一步地促进企业本身自上而下集中管理体系的科学建立，保证企业可以实现内部资金的科学管理和资金的科学监督，尽可能地减少资金的挪用以及转移等各种情况。

在中小企业的运营过程中，市场的竞争还是较为激烈的。中小企业要想更好地发展，获得更多的利润，更好地生存，这需要不断适应市场的变化，加强管理，优化资源配置，以保持竞争力。在这一动态的经营环境中，财务管理的完善和资金控制的加强将成为中小企业持续发展的关键因素。

二、加强中小企业的预算管理

为确保中小企业的持续发展，必须确保其从市场获得的资金超过投入资金。中小企业本身都想要去扩大自己的经营规模，因此开始采取不同的融资方式，例如向银行贷款，在市场上筹集资金等，从

而促进企业不断地发展,在该过程中,中小企业资金流出是必然的现象。但是要保证库存的资金应该更好地满足正常运营的各项需求,要尽可能地避免资金周转不顺畅问题的出现。

在企业的财务管理和控制过程中,预算管理发挥的作用是非常重要的。中小企业如果可以实现科学的预算管理,财务管理的效能将进一步地提升。通过企业全面的财务管理体系的建立,可以促进企业内部控制机制的不断完善。通过预算管理过程的不断强化,可以进一步促进企业的生产和经营,也可以为企业的财务管理提供重要的支持。

为了保证预算管理处于更加科学的状态,首先要确定预算管理的主要范围,要详细地开展运营资金的预算控制,要保证企业的生产、经营、投资等不同方面都可以实现良好的预算管理,可以保证企业实现资金的集中管理。这样的全面预算管理不仅有助于应对日常运营中的财务挑战,还为中小企业未来的发展提供了坚实的财务支持。

三、建立健全经济管理体系

在这一部分,我们应该认识到企业本身的现金管理、应收账款管理、存货管理等方面都是非常重要的。

首先,要高度重视企业本身的现金管理问题。现金管理对企业的经济管理起着非常重要的作用。现金在整个价值链中发挥的作用也是非常大的。对于中小企业的财务部门,应该充分地认识到现金具有很强的流动性,企业应该具有足够的库存现金,要能够及时地向中小企业支付所谓的短期障碍,加强库存现金的定期盘点,为中小企业的资金安全提供重要的保障。

其次,企业应该高度重视自身的应收账款管理。中小企业要能够更加灵活地应用自身应收账款,促进自身销售额的稳步提升,促进自身整体经济效益的不断提升。企业要进一步加强较为科学合理的应收账款信用评价机制的逐步建立,通过对信用的精确评估,中小企业可以规避潜在的坏账风险,确保经济管理的稳健性。

最后,企业应该高度重视自身的存货管理问题。当企业的存货水平相对较高时,可以为企业的发展提供重要的支持,也可以为企业的运营提供更加良好的保障。但是要注意不要过于盲目地储存不同类型的货物,这样很可能会导致持有成本处于相对较高的状态,会对企业自身的盈利能力产生很大的影响。因此,在存货管理中,需要谨慎权衡,确保存货水平既能满足业务需求,又能最大限度地降低持有成本,以实现经济管理体系的健康发展。

四、加快财务管理信息化的建设

信息技术的不断发展为中小企业管理水平的提升提供了重要的支持,而且为其注入了新的活力。随着计算机技术和财务管理软件的不断涌现,中小企业在管理方面获得了巨大的便利。这种信息技术的引入不仅是一种工具的更新,更是对中小企业管理思想的革新,有力地推动了管理模式的转变。

财务管理信息化的建设具有重要的战略意义。首先,通过引入计算机技术和财务管理软件,中小企业可以实现对财务数据更为精准、实时地监控和分析,从而提高决策的科学性和及时性。其次,这种信息化建设有助于中小企业更好地实现资金的集中管理,使其在日常运营中能够更加高效地运用有限的资源,优化财务结构,提升整体盈利水平。这不仅是现代中小企业管理的必然选择,也是应对市场竞争和迅速变化的商业环境的有效手段。

因此,中小企业应当加快财务管理信息化的建设步伐,不仅是为了跟上科技的发展潮流,更是为了在激烈的商业竞争中保持灵活性和竞争力。这种信息化的转型不仅关乎技术应用,更关乎管理理念的升级,是中小企业实现可持续发展的关键一环。

第四节　中小企业财务管理创新途径

一、创新中小企业财务管理的途径

(一)加强财务资料管理,进行财务管理基础创新

不论企业规模大小,企业都应该高度重视自身的财务管理问题,重视自身财务资料的管理,企业要进一步加强自身对财务资料的控制,促进财务管理的不断创新,保证企业的财务管理活动更加科学地进行。财务管理所需的资料涵盖了各类文件和档案,这些信息来源于财务工作的多个领域,包括财务人员的工作成果、各部门提交的资金报表以及员工费用支出等。针对这一问题,企业可以从以下两个方面进行创新:

首先,中小企业应该积极地加强自身的档案管理,要详细地分类财务档案,在会计核算之前,向财务部门提交。通过相关措施的采取,可以为财务工作的分析提供重要的资料支持,也可以进一步促进其在财务管理中应用范围的不断扩大,还可以促进财务管理工作效能的进一步提升。

其次,中小企业应该保证自己的财务资料信息化程度逐步提升,进一步地促进财务资料数据库的科学建立。通过该措施的采取,可以保证企业自身的数据库资源在财务管理的过程中直接参与,促进中小企业自身财务资料管理模式的有效改善,实现管理手段的不断优化,对企业整体管理水平的提升可以提供非常重要的支持。

通过不同类型创新措施的采取,可以实现企业财务资料管理方式的科学创新,更是为了使企业在财务管理方面更具敏捷性和适应性。通过信息化建设,企业能够更好地利用数据资源,提升财务管理的智能化和决策效率,为企业的持续健康发展提供更可靠的支持。

(二)建立财务管理论坛,革新财务管理思想

为了保证中小企业的财务管理过程可以不断地创新,加强财务管理思想的不断革新是非常必要的。科学的财务管理思想,可以为企业的财务管理工作起到很好的支持作用,可以为财务管理指明方向,也可以促进财务管理具体细节的科学把握。但是很多中小企业还缺乏较为科学的财务管理思想,主要是因为这些企业未能准确把握财务管理工作的实际意义。

在企业管理的过程中,财务管理一直是最为核心的内容。企业管理层应该给予高度重视。管理者应该对员工提出具体化的要求,要能够让员工以企业的角度作为出发点,加强自身财务管理方面职责的履行。同时要对于企业员工的财务管理进行纠正,让员工充分地理解企业的财务管理制度。如果员工对财务管理制度没有足够的认知,对财务周转的认识度较低就可能产生不满的情绪。这种思想观念的存在导致了财务管理思想的滞后。

为促进企业的财务管理思想的发展,企业领导者和财务管理工作人员应该积极地加强新型财务管理思想的学习,要积极参加不同类型的财务管理工作会议。借助平台,积极地学习较为先进的财务管理思想和方法,从而促进本企业财务管理思想的不断创新。这样的交流和学习将有助于激发新的思路,推动财务管理的现代化和高效化。

(三)积极拓展融资方式,使财务管理内容有所创新

由于中小企业本身的财力是比较有限的,因此在财务管理的过程中,一直比较落后。有些企业甚至认为,企业的发展不需要科学的财务管理。其实,这些思想都是不正确的。企业应该进一步地加强自身财务管理内容的不断创新,要能够充分地考虑企业未来的盈利方向,促进企业财务管理范围的进一步拓展,保证企业的财务管理活动更加顺利地科学发展,积极地加强不同类型融资方式的拓展。

很多中小企业发展的过程中,采取的投资方式都是相同的,都是利用大量资金短时间内获得更多的利润,然后进一步地促进企业自身资金占有量的稳步提升。但是这种投资方式风险还是相对较大的,很可能会使得企业面临着更大的财务危机。因此,中小企业应当更加灵活地考虑自身优势,包括在行业内建立的信用度以及员工对企业的依附感和忠诚度等。

中小企业也可以积极地加强自身和行业内多家同行的联合,共同确定融资的具体方向。实现大量资金的汇集,企业也可以积极地参与到风险相对较低的债权融资。同时可以利用分散股权的方式,保证内部员工形成良好的自我发展融资机制,尽可能地实现企业利益分配方式向融资手段的转变。

这种创新的财务管理方式不仅有助于中小企业克服财务"瓶颈",还能提高企业的灵活性和适应性,使其更好地适应不断变化的市场环境,推动企业可持续发展。

(四)提升财务员工技能,赋予财务管理创新能力

如果从表面意思分析,财务管理主要是为了加强资金的管理。但是从实际情况分析,企业员工主要是财务管理的执行者。财务管理的结果一般由财务报表反映,财务管理的管理人员和员工是其提供者。为了保证财务管理对企业的发展起到更加良好的促进作用,加强财务管理的创新是非常必要的,要能够对企业本身管理的现状充分地反映。为了保证该目标的顺利实现,就必须加强财务工作人员职业技能的不断提升,当财务人员的专业技能得到进一步的提升时,才能够呈现出更加科学的财务数据。

一方面,中小企业应该进一步加强财务管理发展趋势的科学分析,积极地招聘更多专业技能相对较强的财务人员,让专业的财务人员负责财务管理工作,这样也能够使企业进一步地实现人性化管理,财务管理也会更加科学。为企业注入更为专业和可靠的财务管理能力。另一方面,为了保证企业领导层的财务管理水平进一步的提升,领导也应该成为财务人员培训的对象。要尽可能地保证领导具有更加丰富的财务知识，对企业的管理起到良好的协助作用，实现企业科学的内部管理。

通过相关举措的实施，可以促进企业本身财务管理水平的稳步提升，还能为整个组织注入更多专业化和全面化的管理理念，从而使得财务管理不再仅限于资金的统筹，更能成为企业管理中全方位的支持和决策依据。

(五)推动财务管理制度改革，实施财务监督反馈

财务管理制度可以为财务管理活动提供更加科学的指导，可以保证财务管理思想和方法的顺利实施。为了保证中小企业财务管理可以实现进一步的创新，加强财务管理制度的改革是必要的，要保证财务管理策略可以顺利执行。通过财务管理制度的不断创新，加强财务的监督和反馈制度，促进会计制度的不断完善。

企业本身也应该对会计工作人员的业务开展详细的检查，保证其工作和国家的会计制度处于相互符合的状态，保证和企业财务管理的要求相互符合。会计人员的财力和权力应该处于相互分离的状态，使其工作更加注重服务性质，而非权力性质。这些密切的内部监督和审计行为，可以帮助企业管理者及时地发现财务管理的过程中存在哪些不足，通过财务管理的创新对财务管理会产生什么样的影响。

通过各种措施的采取，可以促进企业财务管理制度的不断改革，实现企业财务管理行为的科学约束。这也为企业未来的财务管理提供了更加稳固的基础。

二、创新财务管理对中小企业发展的意义

(一)提升企业竞争力

财务管理的过程中，最主要的目的是实现企业资产的有效管理。

财务管理是否成功,需要从多方面去反映。当企业本身的财务管理比较成功时,企业将具有更大的利润率,也可以实现更加雄厚资本的积累。在企业财务管理过程中,不同类型创新性措施的采取,很大程度上会对企业资金的高效利用和盈利水平产生较大的影响。财务管理能否取得更大的成功,在很大程度上影响着企业本身在同行业的竞争力,为企业的可持续发展奠定坚实基础。

在竞争激烈的市场环境中,企业要想在同行业中脱颖而出,必须注重财务管理的创新。通过改进财务管理体系,企业可以更有效地运用有限的资金,实现内部资源的最优配置,从而提高运营效率。这不仅有助于企业在市场中更好地应对各种挑战,还能够不断提升企业的盈利水平。

财务管理创新不仅是提高企业利润的手段,更是提升企业整体竞争力的关键因素。通过不断优化财务管理,企业能够更好地适应市场变化,获得更多的发展机遇,确保在竞争激烈的商业环境中稳健前行。

(二)提高企业管理效力

通过企业科学的财务管理,也可以为企业管理效力的提高提供重要的支持,其发展不仅直接塑造着企业的管理效能,同时对整体经营状况产生深远的影响。在这一背景下,财务管理的创新变得尤为重要,旨在全面提升其在企业管理中的作用。

首先,财务资料管理的创新使得财务管理能够更全面地发挥作用。通过采用先进的技术手段和信息管理系统,企业能够更准确、高效地收集、分析和利用财务数据。这种创新不仅提高了财务决策的精准度,也为企业的整体管理提供了更为可靠的依据。其次,通过财务管理思想的不断创新,可以保证每个员工都能够承担财务管理的责任。通过倡导全员参与财务管理的理念,企业可以激发每个员工的责任心和参与度,从而形成一个共同致力于财务目标实现的团队。这种全员参与的管理理念有助于形成更加紧密的企业文化,提高管理的协同效应。另外,财务管理内容的创新不仅关乎企业的盈利,也直接影响着企业的长期发展。通过不断调整和优化财务管理策略，企业可以更灵活地应对市场变化，提高经营效率，实现可持续盈利。这种创新有助于企业更好地适应竞争激烈的商业环境，保持竞争力。

最后，如果可以实现财务管理的不断创新，财务管理制度的不断改革，将促进企业财务管理发挥更大的作用。通过引入更科学的绩效评估机制和灵活的激励制度，企业能够更好地激发员工的积极性和创造力，推动企业整体管理效果的不断提升。

在提高企业管理效力的过程中，对财务管理进行全方位的创新和改革，将不仅带动财务层面的发展，更能够推动整个企业管理水平的全面提升。

（三）有效规避风险

在中小企业的发展过程中，创新财务管理具有深层次的意义。这种创新不仅体现在财务管理范围的扩大，更体现在管理方法的科学性上。目前，企业的财务管理一直在努力地创新，财务工作人员可以获得更加丰富的财务资料，财务数据的可靠性也在不断地提高。

通过创新财务管理，企业能够更准确地识别和评估各类风险，实现对风险的有效规避。科学的财务数据不仅反映了企业的财务状况，还能提供对市场趋势、行业竞争力等方面的深入洞察。通过对这些数据的分析，企业可以及时调整战略，规避潜在的经营风险，确保企业在市场中的竞争地位。

因此，创新的财务管理不仅提升了财务工作人员获取信息的能力，更为企业提供了更全面、深入的经营数据，为企业规避风险、灵活应对市场变化提供了有力支持。在当今竞争激烈的商业环境中，这样的财务管理创新对中小企业的可持续发展会产生较大的影响。

三、进行中小企业财务管理途径创新时需要注意的问题

（一）创新方法要符合企业实际

财务管理的创新需要与企业的具体情况相契合，以确保其真正

服务于企业的长远发展目标。这涉及在创新方法选择上的审慎和灵活性。首先，要考虑企业的规模、行业特点以及市场环境，从而有针对性地确定财务管理创新的方向。其次，在实施过程中要注重与企业内部运营机制的协调，确保财务管理创新与企业实际经营模式相适应，能够在提高效率的同时不破坏原有的良好运作方式。

财务管理创新的方法应当具备灵活性和可持续性，能够适应企业在不同发展阶段的需求变化。这种创新不仅是为了跟随时代潮流，更是为了为企业提供更为智能和适应性的管理手段，从而更好地应对市场变化和竞争挑战。

(二)注意在创新过程中使用先进技术

在企业的财务管理创新过程中，为了保证财务管理作用的充分发挥，加强先进技术的利用是非常必要的。如果可以实现对管理技术的合理运用，才能够促进企业财务管理的不断创新，才能够真正实现效果。因此，我们应该注重对先进技术的深度了解和灵活运用，不仅局限于财务软件和核算方法，还应包括对企业资产核对方面的新颖方法和创新思维。

在新经济时代的背景下，中小企业要顺应时代潮流，善于运用信息技术，灵活采用先进技术手段，以促进财务管理创新，从而更好地适应资本知识化、交易虚拟化和企业活动个性化等趋势，实现业务的持续发展。

(三)注意不断总结创新经验

在中小企业的发展过程中，财务管理创新是推动企业前进的不可或缺的因素。然而，这种创新一直处于动态化的变化中，目前的财务管理创新，在未来发展过程中，可能会处于过时的状态，因此我们应该充分地认识到，加强财务管理创新的途径应该是一直变化的，需要根据企业的实际发展情况适时地调整。在该过程中，企业管理者和领导者所扮演的角色是非常关键的，他们需要对变化情况时刻地关注，对财务管理经验不断地创新和总结，不断地发现财务管理过程中存在哪些问题，如何和企业的发展战略有机结合起来。通过带有丰富经验的财务管理创新，可以更好地适应企业未来的发展需求。因此，中小企业在财务管理方面要保持灵活性，时刻关注行业和市场的变化，不断调整和改进财务管理策略，以确保其在竞争激烈的商业环境中保持竞争力。这种持续的创新和经验总结将有助于企业适应不断变化的经济和商业格局，为其可持续发展奠定坚实的基础。

第四章 中小企业的人力资源管理

第一节 人力资源管理概述

一、人力资源管理的概念

(一)人力资源

人力资源通常反映为对拥有体力、智力、知识和技能组织的主要人员。人力资源在经济生产活动中属于非常活跃的因素,也是诸多资源中最为重要的资源。它对生产力的发展起着决定性的作用,对企业经营战略的实施起着保证作用。当代企业管理的过程中重点坚持以人为本,人力是企业最为宝贵的资源,企业之间的相互竞争很大程度上就是人员之间的相互竞争。

(二)人力资源管理

人力资源管理本质上属于一种非常重要的组织管理职能。所涉及的内容比较多,是一种非常重要的管理手段,可以实现企业组织成员现实能力和潜在能力的功能,可以促进组织工作效能进一步的提高。如果从程序和功能方面分析,可以保证组织成员的引入、录用等各个过程顺利完成。

二、人力资源管理的内容

企业人力资源管理的内容还是很多的,下面详细地分析和阐述。

(一)工作分析

工作分析重点反映的是对工作有关的信息详细地收集、分析、综合整体,实现工作整体的完整确定,对工作的具体内容、相关要求、责任要求、胜任的素质等内容详细地说明。工作分析过程的开展,可以促进工作描述以及工作规范的形成,这也是企业人力资源开发和管理过程中,最为基础的工作,和人力资源管理工作的开展关系非常密切。

(二)人力资源规划

人力资源规划的主要依据就是企业的组织战略目标,对企业未来环境变化过程中,人力资源的供给、需求状况科学的预测和分析,制定更加科学的人力资源获取、利用、保持以及开发等各种策略,为组织和个人实现长远利益提供必要的支持。

(三)员工招聘与选拔

员工招聘与选拔,主要是组织采取一些较为科学的方法,吸引一些有资格的个人到组织中应聘,从招聘者中选出适合公司的人才,并录用。招聘和选拔则是组织获得人力资源职能最重要的体现,可以保证企业人力资源战略的顺利组织,实现人力资源规划的科学落实。

(四)员工使用

员工使用重点指的是人力资源部门根据不同岗位的相关任务要求,将企业招聘的各个员工向企业的不同岗位上去分配,让不同的员工担任不同的职位,承担自己的职责和权力,让他们迅速地进入自己的工作角色,积极地组织目标,充分发挥自己的作用。

(五)绩效管理

绩效管理的过程是为了实现员工的有效组织和管理,保证员工的工作行为和产出与组织目标是处于相互一致的状态,要保证个人和组织可以更好地实现共同发展。

(六)薪酬管理

薪酬重点反映的是员工通过从事各项劳动或者服务,从组织中得到的各种类型的补偿,也包括薪酬。

(七)员工的培训与开发

员工的培训与开发,组织采取不同类型的方式,让员工充分地具备工作所需的各种知识或者技能,促进他们工作态度的科学改变,促进员工本身在现有或者将来职位上工作业绩的顺利改善,从而促进企业整体绩效的不断提升,本身属于计划性和连续性的活动。

(八)劳动关系

劳动关系重点反映的是在社会生产的过程中,劳动者本身和用人单位之间为了保证生产劳动过程完成而形成的社会经济利益关系。

(九)职业生涯管理

职业生涯主要指的是员工自身各种和工作相联系的一些行为以及活动等。

图 4-1 反映的是人力资源管理的内容。

工作分析 → 人力资源规划 → 员工招聘与选拔 → 员工使用 → 绩效管理 → 薪酬管理 → 员工的培训与开发 → 劳动关系 → 职业生涯管理 → 组织目标

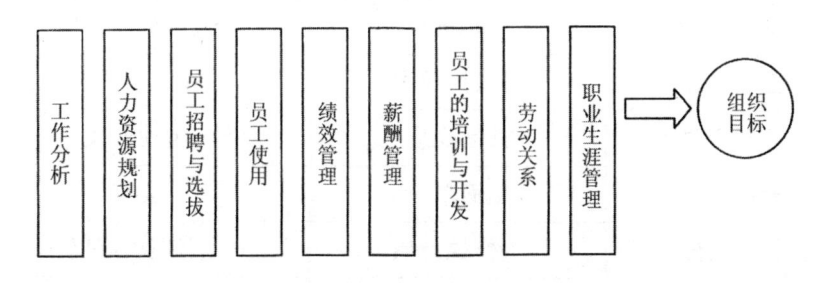

图 4-1　人力资源管理的内容

三、人力资源管理的任务

人力资源管理的基本任务,重点根据企业发展战略的主要要求,有计划地开展人力资源的合理配置,促进员工培训工作的科学开展,促进人力资源的开发,通过不同类型措施的采取,促进员工积极性的有效开发、员工潜能的充分发挥、生产效率的稳步提高、工作效率的不断提高,获得更高的经济效益,也为企业整个工作的开展起到良好的推动作用,保证企业战略目标顺利地实现。

四、人事管理与人力资源管理

人事管理,重点反映的就是人事工作,也是组织活动中最早发展的管理职能。通过人力资源的科学管理,可以实现人才更加科学、合理地利用,为社会和组织的迅速发展提供支持。

(一)人事管理人力资源管理的相同点

对于传统的人事管理和人力资源管理也存在着一定的相同点。首先是管理的对象是一致的,都是对人员进行管理;其次某些管理内容也是相同的,较为常见的就是薪酬、安全等;最后,某些管理的方法也是相同的。例如制度、培训等。

(二)人事管理与人力资源管理的区别

人事管理与人力资源管理也存在着一些不同点。具体见表4-1。

表4-1 人事管理与人力资源管理的区别

类型项目	人事管理	人力资源管理
管理观念	视人为成本	视人为资源
管理活动	被动反应	主动开发
管理内容	简单	丰富
管理地位	工作执行层	管理决策层
工作方式	控制	参与、透明
部门性质	非生产、非效益部门	生产与效益部门
管理导向	注重工作成果	注重工作过程,关心人的培养

续表

类型项目	人事管理	人力资源管理
管理重心	多以事为中心	强调人与事的统一,更关注人
管理深度	管好现有的人	注重潜能开发

第二节 中小企业人力资源管理的现状及误区

一、中小企业管理的特点

中小企业相对于大型企业,管理方面存在着很多不同的特点。

(一)战略核心是业务

中小企业的战略核心重点就是业务,各种行为都以业务为导向。自身的规模和实力也是比较有限的,中小企业最为担心的问题就是如何生存,企业要充分地把握销售以及生产等命脉领域的工作,高度重视市场以及研发等不同业务工作,实现资源的合理配置。

(二)创业者对企业的影响巨大

中小企业的领导核心一般情况下都是创业者,他们自身的理念代表着企业的理念。他们自身的动机和素质在很大程度上影响着企业未来的方向、目标以及未来实施的能力。企业自身的领导风格在很大程度上影响着管理者自身的管理风格,对员工的行为风格也会产生较大的影响。创业者个人或者群体对企业的影响力还是很大的。

(三)管理方式灵活,但不规范

中小企业规模相对较小,组织结构也非常简单,企业本身的结构、制度以及流程等都在不断地变化。中小企业自身具有很强的灵活性,应变能力也非常强。但是自身规范性相对较差。

二、中小企业人力资源管理的现状

（一）选人——招聘渠道

中小企业在创业阶段，由于资源的限制、组织尚不具备权威性和组织缺乏准确的职务描述，在初期的人才招聘上往往更倾向于用非正规方式，如通过企业家的私人网络（包括社会网络和商业网络）或依靠推荐，很少委托中介机构或开展校园招聘。随着组织规模的扩大，管理逐渐规范化，组织的人才招聘逐步向社会公开。中小企业人才招聘的基本情况是：在创业阶段，核心员工大多来自企业家的家族成员和亲朋好友。在成长阶段，中小企业的技术骨干、销售骨干和生产管理骨干逐步通过社会招聘获得。而一般员工的招聘主要通过社会公开渠道进行。

（二）育人——员工开发与提升

在员工开发方面，中小企业中与企业主私人关系越近的员工越容易得到晋升，随着组织规模的扩大，能力标准在晋升方面的重要性逐渐加强，即中小企业的员工提拔基本按照关系—忠诚—能力这样的顺序来进行。中小企业在创业阶段往往没有正规的培训系统，员工培训的方式主要是在职培训。在成长阶段，中小企业开始引入正规的培训系统，开始采用外部培训，但仍然以内部在职培训为主，培训的主要目的仍然是解决员工当前的工作问题或即将要做的工作的胜任问题，而不是根据企业的长期发展要求来对员工进行培训，故缺乏长期的人员培训战略。中小企业在招聘员工时之所以通常都要求对方有工作经验，是因为这样可以减少培训成本。

（三）留人——员工保持

中小企业的员工考核标准较为单一，多数以员工个人业绩为主。考核方式与企业规模没有关系。大多数企业把短期的物质激励和认可放在首位，对员工的长期激励不足，如中小企业很难做到给予员工适度的发展空间,给予员工适当的自主权或一定的股份、期权等。

三、中小企业常见的人力资源管理误区

(一)人力资源管理缺乏规划

目前,很多的中小企业自身的发展战略不是非常明确,其人力资源管理也受到直接影响,往往只能随机应变、临时应对。这意味着当企业缺乏合适的人才时,才会考虑进行招聘,而在人员素质不符合企业发展需要时,才会开始考虑进行培训。通常情况下,中小企业在急需人才时会随意地修改公司的薪酬制度,提高薪酬水平以吸引人才。然而,当人才供大于求时,则可能以各种理由任意降低薪酬水平,以减少经营风险。

由于缺乏规划现象的存在使得很多中小企业在人力资源管理的过程中,具有较强的随意性,员工的流动性相对较大,对企业的正常经营过程是非常不利的。这种不稳定的人力资源管理模式不仅影响了企业的持续性发展,也可能削弱了企业在市场上的竞争力。因此,建立起明确的人力资源发展规划和长远战略对于中小企业至关重要,这有助于提高员工的忠诚度、减少流失率,并确保企业拥有合适的人才支持业务的持续增长。

(二)人员的知识结构和年龄构成不合理

有些中小企业,很多员工都是凭借家里的关系介绍来的,大家的知识结构、世界观等都处于较为接近的状态,公司很多人甚至都是相同的专业。企业的老板也都以现实为主,要求工作人员在岗位上必须立即胜任各项工作。因此这些中小企业的人员年龄都比较大,缺乏活力。不过这种现状正在逐步改善。

(三)明确岗位职责,防范一人多职和"红人现象"

中小企业存在岗位职责不明确的情况,主要原因是未对岗位进行充分的梳理,或者存在缺乏全面岗位描述的问题。结果就是在某

些情况下,事情出现后才临时安排人员去完成,导致责任不明确,出现谁都可能负责或者谁都不负责的后果。这种模糊的岗位职责分配既影响了工作效率,也容易导致工作责任的混淆。

另外,一些企业还存在"红人现象",即老板偏向某些亲信,让其参与各类事务,甚至涉及公司的大小事务都要经过这些亲信的过问。以一个实例来说明,在某公司,老板的私人司机经常被委以重要任务,逐渐发展为公司内部事务的重要决策者,类似于副总的地位。这种情况可能导致公司决策的不客观和不公正,影响了整体的管理效果。

为避免一人多职和"红人现象"带来的问题,中小企业应该对岗位进行明确的描述和梳理,确保每个岗位的职责清晰可见。同时,建立规范的决策流程和管理体系,防范因亲信参与引发的不公正情况。通过明确的组织结构和岗位职责,企业能够提高工作效率,降低管理风险,确保决策的客观性和公正性,从而更好地推动企业的可持续发展。

(四)人员招聘过程随意,无系统性、不科学

中小企业在人员招聘方面存在着一系列问题,主要源于岗位职责不明确和人力资源规划不足。这两重问题使得企业在招聘过程中缺乏明确的方向,不清楚需要招聘何种类型的人才。这也导致了招聘工作的准备不充分和程序不完善。

在中小企业中,招聘程序还不是非常严格,科学性较对较低。由于招聘流程不是非常地规范,导致招聘的过程中存在很多的失误。有些情况下,人事部门会直接做出录取的通知,用人部门无法充分参与招聘过程。这种不规范的招聘流程可能导致招聘结果不尽如人意,甚至对企业的整体发展产生负面影响。

更进一步来说,中小企业在人力资源的聘用方面存在明确计划的不足,同时缺乏明确的晋升制度。这导致一些优秀人才在企业中难以长期发展,因为聘用决策常常受到个人好恶和私人关系的左右,而无法建立公正的人才评价机制。这也意味着在这样的环境中，一些潜力无法得到充分挖掘的优秀人才可能错失在企业中发展的机会。

解决这些问题需要中小企业建立清晰的岗位职责和健全的人力资源规划，以确保招聘方向明确。此外，建立科学规范的招聘程序和明确的人才培养机制，有助于提高招聘的质量，吸引并留住更多的优秀人才，为企业的可持续发展奠定良好的基础。

（五）建立培训体系，引导员工个人发展目标

中小企业面临的一个问题是缺乏完善的培训体系，导致很多员工自身的发展目标不是非常清晰。每个员工承担的事务都比较多，内容比较复杂，难以抽出更多的时间参与各种类型的培训活动。中小企业人力资源战略规划的过程中还存在很多不足，导致培训计划的安排相对随意。这样的情况使得员工在提升自身能力方面缺乏相应的机会。

为了解决这一问题，中小企业应当考虑建立更为系统和有序的培训体系。通过明确培训目标、规划培训计划，企业可以更有针对性地提供员工所需的培训课程。这样的培训体系可以更好地满足员工在业务技能、职业发展等方面的需求，激发其学习的主动性。

此外，企业可以借助现代科技手段，提供灵活的在线培训资源，使员工能够更加方便地进行学习。通过定期评估员工的培训需求，及时调整培训计划，确保培训内容与员工个人发展目标保持一致。

通过建立健全的培训体系，中小企业不仅可以提高员工的专业素养，还能够激发员工的学习动力，促使其在职业生涯中持续进步。这样的举措不仅有助于解决员工个人发展无目标的问题，还有利于提升整个企业的竞争力和创新能力。

（六）人员考核无制度，不规范

中小企业在人员考核方面存在明显问题，主要根源于员工权责

不明确,工作职责也没有清晰的规定,对工作成绩也没有明确的衡量标准。这种情况的存在导致考核执行以及实施还有很多问题。同时,企业没有较为明确的考核制度,难以实现考核人员的有效评估,考核的过程仅仅是停留于形式,难以充分发挥自身作用。

很多的中小企业,权责不是非常清晰,员工工作成绩对主管领导的个人影响和主管评价依赖程度很高,会造成很多员工的不满。没有明确的考核标准和制度,不仅无法为员工提供明确的发展方向,也容易造成主观评价的不公正,降低了考核的公信力。

要解决这一问题,首先,中小企业需要明确员工的权责,并建立清晰的工作职责体系。其次,需要建立规范明确的考核制度,确保考核具有客观性和公正性。这包括制订明确的考核标准,建立定期的评估机制,使员工能够清晰地了解自己的工作表现,并为提高绩效提供有效的引导和支持。

通过建立规范的人员考核制度,中小企业不仅可以提高员工的工作积极性和满意度,也能够更精准地识别和培养优秀人才,为企业的长期发展打下坚实的人才基础。

(七)激励措施缺乏科学性和规范性

中小企业缺乏严格的激励措施,很多情况下,由老板的情绪或者主观感觉去确定,这导致下属难以把握激励的方向,最终使激励行为无法产生预期的效果。此外,中小企业的内部工资结构往往未能恰当地反映出各岗位的实际价值,导致员工的薪酬与业绩之间的关联不合理。

为解决这一问题,中小企业可以考虑建立更为科学合理的激励机制。这包括明确的绩效评估标准,以确保员工的付出与薪酬的匹配度,从而提高员工对激励措施的认可度。此外,建议中小企业重新审视内部工资结构,确保不同岗位的薪酬反映出其实际贡献和价值。这样的调整可以减少员工对薪酬不公平的不满,提高员工的工作积极性,同时促进人员的长期稳定性。通过这些措施,中小企业能够创造更公正、合理的激励环境，促使员工更积极地参与工作，提升整体绩效水平。

四、中小企业人力资源管理误区的原因分析

(一)中小企业自身特点形成的客观原因

尽管我国中小企业数量众多，但其规模小、资金有限、员工数量较少，与大型企业或外资企业相比，存在明显的"先天不足"。

1.人力资源管理的不足之处

很多中小企业，并没有较为完善的人力资源管理部门，人事管理主要在经理办公室的一个小区域内完成，由少数人负责，企业的人力资源管理人员比较少，仅有1～2名。这种人力资源管理力量的配置勉强能够应对常规的人事管理工作，但很难充分发挥现代人力资源管理的功能。

2.人力资源管理人员的素质问题

在中小企业中，部分人员虽然从事人力资源管理工作，但其自身的专业管理知识较为缺乏，缺乏人力资源管理的各种经验。这就导致了对于日常事务性工作(如档案管理、员工入职和离职手续等)的处理相对得心应手，但管理层面的工作难以顺利展开。

3.中小企业管理者的主观因素

一些中小企业的管理者在主观上存在一定的认识误区，可能过分强调外部开拓而忽略了内部稳固。这种情况可能导致管理者认为内部问题不及外部问题重要，进而产生疏忽或忽视内部管理的偏见。

这些内在特点共同塑造了中小企业的经营环境，需要结合现实情况采取相应的措施以提升企业的内外部管理水平，从而更好地应对竞争激烈的商业环境。

(二)缺乏科学适用的人力资源管理方法

在中小企业中，存在着一些典型问题，主要体现在以下两个

层面。

1. 管理模式层面

鉴于中小企业的管理状况,如何选择适用于其人力资源管理的工作模式成为一个关键问题。具体而言,中小企业应该采用何种人力资源管理模式,以确保其人力资源管理职能能够得到更为充分的发挥呢?

2. 操作层面

从操作层面来看,企业人力资源管理工作在操作层面还存在很多的问题。

(1)岗位体系管理与岗位界定的不明晰矛盾

人力资源管理体系的建立的过程中,通常将岗位管理体系视作最为重要的基础,很多人力资源管理工作都是在岗位管理的基础上开展的。中小企业人员的数量还相对不足,岗位没有更加明晰地划分。虽然许多大企业设计了很多的岗位方法和理论,但是并不适用于这些中小企业,因此使得很多中小企业本身岗位管理体系和明确定义岗位之间存在较多的矛盾。

(2)低支付能力与薪酬管理激励效果的矛盾

许多中小企业规模较小,资金短缺的问题比较严重。受到薪酬支付能力的限制,如何解决低支付能力与薪酬管理激励效果的矛盾,值得企业去考虑和分析。

(3)绩效管理科学性、完备性与可操作性的矛盾

尽管很多大企业在咨询公司的帮助下制订了完善的绩效管理方案,但实际上很多方案最终只是置于案头未能得到实施。产生这种现象的原因可能是企业的绩效管理方案与企业的现状不相符,也可能是绩效管理体系实施的过程中,需要大量的人力和物力作为主要支撑。中小企业普遍存在这种矛盾,要想保证企业实现良好的绩效管理,解决这些问题是必要的。

(4)人才吸引力低与人才获取的矛盾

相比于大型企业,中小企业在我国市场上难以吸引大量的优秀人才。人才吸引力低和人才获取的矛盾比较严峻。如何解决中小企业的人才吸引力低与人才获取之间的矛盾是一个亟待解决的问题。

第三节 中小企业人力资源管理实务

一、中小企业人力资源管理的"三力协作模式"

(一)"第一力"——企业高层的支持作用

企业高层的支持作用重点反映在企业的人力资源管理系统中,决策层重点负责人力资源战略规划的科学制定。人力资源战略规划流程包括的内容比较多。例如,对人力资源现状的科学分析,对人力资源需求的科学预测,开展人力资源战略的决策,制定人力资源规划的具体方案等。在相关工作开展过程中,企业的高层管理人员重点职责就是保证人力资源战略决策处于有效的状态。人力资源部门下属各不同部门的经理重点负责的就是前期的分析以及预测结果。人力资源管理部门重点制订相应的人力资源战略规划方案,不同部门的经理给予最终执行阶段的主导,规划评价的过程中,需要在决策层的领导下,多方参与完成。

企业高层在人力资源战略规划中的支持至关重要。他们通过有效的战略决策,为企业提供清晰的人力资源方向,为未来的发展奠定基础。在整个规划过程中,企业高层的领导作用不仅是决策,还包括对整体规划的监督和评估。这种全方位的支持确保了人力资源战略规划的顺利实施,使企业能够更好地应对人力资源挑战,提高组织效能。在决策层的引领下,各部门紧密合作,共同推动人力资源战略规划的有效执行,为企业长期发展提供了坚实的支撑。

(二)"第二力"——部门经理的主导力

"第二力"中,部门经理扮演的角色是非常关键的,对关键业务环节的执行负有主要责任。这些关键环节包括招聘、培训和绩效管理等工作,其中,协同合作是实现高效管理的关键。

1. 招聘工作的基本步骤

涉及招募、选拔、录用和评估。在这些环节中,部门经理重点负责的是主导选拔环节,而对于人力资源部门,重点为招募以及录用环节提供各种类型的支持性服务。在招聘评估工作开展的过程中,人力资源部门和部门经理应该相互配合,保证招聘取得圆满成功。

2. 培训工作的基本步骤

培训工作包括的内容也很多,较为常见的就是培训需求的科学评估,制订相应的培训计划,实施相应的培训计划,对培训的结果科学评估。在这个过程中,部门经理负有把关员工培训需求评估的责任,确保培训计划的制订符合实际需求。在此过程中,部门经理必须加强自身和人力资源部门的相互协作,加强部门经理和人力资源部门之间的相互合作,制订科学的培训计划,对培训结果科学的评估,以实现全方位的培训管理。

3. 绩效管理工作的基本步骤

绩效管理工作包括的内容也比较多,较为常见的就是绩效管理方案的制订,绩效计划的制订,绩效考评,绩效考评结果的反馈和改进等。在绩效管理的过程中,部门经理对绩效考评的实施过程严格地把关,科学确定不同员工自身的考评结果。部门经理也需要制订绩效计划,开展绩效辅导和反馈的各项工作,人力资源部门重点开展一些辅助性工作,负责组织实施,并在方法与标准的制订方面与部门经理合作。

通过部门经理与人力资源部门的密切协同,实现了各项关键业务环节的高效执行。这种协同合作不仅能够优化人力资源管理流程,还有助于提高整体管理效力,实现部门和企业整体的良性发展。

4.薪酬管理工作

薪酬管理工作包括的内容也比较多,如科学确定企业的薪酬制度,确定企业的薪酬结构、支付方式等。在员工薪酬管理的过程中,加强员工薪酬数量的确定是必要的,部门经理重点负责。而对于其他类型的薪酬制度和其他工作,人力资源部门重点负责。

(三)"第三力"——人力资源管理部门的执行力

人力资源管理部门应该重点负责建立人力资源管理制度体系,积极地加强日常事务性人事管理工作的开展。在企业人力资源管理过程中,岗位的分析和岗位的评价是最为基础的环节,该环节工作的质量对其他业务的开展也会产生较大的影响。人力资源部门应该实时地加强岗位分析,加强岗位的评价。

所谓的"三力协作模式",从不是中小企业特有的模式,很多大型企业人力资源管理的过程中也会采用这种模式。但是人力资源管理部门所占的地位是核心的。很多的中小企业,各部门的负责人承担着主要的主导作用。这种模式可以促进企业人力资源管理人员不足、专业性较弱问题的顺利解决。该模式也是很多中小企业积极开展人力资源管理工作的重要基础。

二、中小企业的人力资源管理模式

(一)企业整体的人力资源战略规划

中小企业要实现强大的发展目标,必须正视当前的人力资源状况,明确未来所需的人才类型、数量,以及引进人才的策略。在这个过程中,企业需要进行全面的人力资源预测和规划,因为没有明确的目标就无法确定正确的方向,缺乏战略规划就无法实现可持续的发展。在人力资源规划方面,人力资源管理部门的作用是战略支持。人力资源管理部门所提供的战略性支持,是整体企业战略的重要组成部分。如果企业缺乏人力资源的支持，很难取得较大的成功。

在人力资源规划的过程中，也应该高度重视企业发展和员工发展之间具有什么样的关系。要能够对企业和员工的发展需求同时考虑，制定的规划才能够为企业提供支持，促进企业发展目标的实现。科学的人力资源规划，必须为企业创造更多的利益，促进企业和员工两者之间实现共同发展。企业的目标和策略也应该向人力资源的明确需求进一步的转变，要保证人力资源本身的质量和数量、长期和短期的供求平衡都处于较为合理的状态。

企业在加强自身人力资源规划战略制定的过程中，要充分地分析人力资源管理的职能，促进规章制度的科学建立，促进用工制度的不断完善，实现内部人力资源的科学配置，保证企业实现更加有效的人力资源管理，为企业的发展提供必要的支持。

（二）人才招聘

在中小企业中，人才招聘是引进和培养优秀人才的首要步骤。能否取得较大的成功，人才招聘环节发挥的作用尤为重要。各个层次的人才招聘应该分为不同的标准，各个层次的招聘都应该和其岗位具有相互匹配的考核指标，并不能够只重视能力和学历的提升。基层人员重点考察的是自身的工作态度、对企业的忠诚度、自身的素质等内容，如果是中层人员或者高层人员，企业应着眼于职业能力、专业特长、工作经验与创新思路以及职业道德等方面，这些因素才是至关重要的。

特别需要强调的是，对于中高层人才，职业道德的良好与否至关紧要。即便其具备丰富的能力和智慧，一旦职业道德存在问题，中小企业也应慎重录用，因为这可能带来潜在的危险，一旦反目，其破坏性将十分严重。在面试环节，不同层次的应聘者应设置相应的面试要求，基层人员的面试重点由人力资源部门负责即可，安排招聘专员和用人单位的部分成员，如果是中层和高层人才，企业重点派遣部门主管和更高职位的人员参与到面试过程中，保证评估具有全面性和准确性。

在新员工录取的过程中,信息应该处于畅通状态,要尽可能地防止优秀人才被其他企业抢先录用,避免出现前期工作浪费的现象。在试用期内,企业主要的工作就是让员工充分地熟悉企业的环境,感悟企业的文化,适应企业的工作内容。当实习期结束,如果员工难以适应企业的文化,难以满足岗位的要求,企业可以直接将其辞退。这种坚持原则的做法有助于确保企业拥有适应性强且符合公司价值观的员工团队。

(三)培训管理优化

在培训方面,很多中小企业自身的培训环节还是较为单一的,对企业的发展非常不利。企业的发展和成长需要不断地学习,加强中小企业的培训学习工作是非常必要的,这样就可以进一步促进企业实现长远发展。

中小企业培训的过程中,应该将内训方式和外训方式有机地结合起来。年初,企业应该拿出适当的培训费用预算,制订详细的外部培训年度计划,也可以积极地邀请一些外部的专家来公司开展培训。中小企业也应该加强企业内部定期的培训,不论培训的时间长短,都应该持之以恒。

然而,成功的培训不仅依赖于企业的计划和组织,更需要员工自身具备学习兴趣。中小企业的员工都应该积极地参与其中,要建立全公司都学习的氛围,公司领导本身更应该重视员工的培训工作,要树立学习的榜样。很多中小企业的管理人员虽然常常讲培训,自己却很少参与到学习的过程中,如果企业领导处于这种状态,就无法建立学习型组织。

员工终身学习欲望的强烈与否和人力资源部门培训的内容和方式也有着很大的关系。在开展相关的培训前,人力资源部门积极地开展培训需求的调查工作是非常必要的。确保培训的内容和方式贴近员工的实际需求,这是确保企业内部培训取得成功的首要环节。

通过建立良好的培训体系，中小企业能够为员工提供更多学习的机会，激发员工的学习热情，从而为企业的可持续发展奠定坚实的基础。

(四)绩效考核

目前，很多的中小企业还没有完全地认识到绩效考核管理是非常重要的，也有部分企业虽然认识到了绩效考核管理的重要性，但是企业的管理者并没有充分地分析企业的实际情况，仅仅是要求人力资源部门制订相应的绩效考核方案，对绩效考核结果并没有给予重视。很多中小企业在这方面的经验比较欠缺，很多情况也仅仅是停留于表面，随意地采取一些考核方案，和自己公司实际情况并不符合。因此中小企业在开展绩效考核的过程中，必须切实分析自身的情况，制定更多的可行性标准。

中小企业绩效考核的过程中，也需要公司不同层次管理人员的全方位支持。考核方案制定的过程中，应该充分结合企业的特色，要保证考核过程具有持久性，进而确保其有效性。只有通过深度结合企业实际情况和全体管理层的积极参与，绩效考核才能真正成为推动中小企业健康发展的有效工具。

(五)薪酬福利管理

中小企业往往被人认为是工资水平较低、福利待遇欠佳的典型代表，很多的员工经常需要加班工作，本身的自由时间非常少，因为这种情况的存在，使得中小企业难以留住更多的优秀人才。虽然中小企业本身在资本上面存在一些不足，但也应该保证企业和员工的共同利益处于相互一致的状态，要保证建立的工资制度更加科学，建立更加完善的福利体系，为员工的不同方面需求提供必要的保障。

很多中小企业则认为凭借自己的实力，这些方面无法满足。但企业应该尽可能地在工资和福利方面做到位，这样即使很多员工没有获得理想的报酬，他们的工作激情也是满的。因为他们可以感受到公司对自己的关心，他们拥有着对未来更加美好的期待，他们更愿意付出自己的精力和时间。这种共同体验和期待将为企业塑造积极向上的工作氛围，有助于吸引和保留优秀人才。

（六）优化劳动关系管理

中小企业普遍存在对劳动关系的不够重视。然而，对那些立志要实现规模扩大和强大发展的企业而言，最为重要的一点就是建立良好的劳动关系。通过与员工建立合同关系，企业不仅明确了各方的权责，更在实质上为员工提供了稳定的工作环境，增强了员工的归属感。

对刚刚毕业的应届大学生而言，签订劳动合同也是激发其责任心和使命感的有效途径。通过建立正式的雇佣关系，企业为新员工提供了明确的工作责任，使其更有动力为企业发展贡献力量。这种雇佣关系的建立不仅有助于形成稳定的团队，还为企业创造了更加有力的人才引进和留用环境。

因此，中小企业在劳动关系管理上应加强对员工的关注，建立透明、公正的雇佣制度，确保员工在工作中获得合理的权益。通过与员工签订明确的劳动合同，企业能够在人才引进、培养和留用上更具前瞻性，为企业的可持续发展奠定坚实基础。这种关系的优化有助于形成积极向上的企业文化，为员工提供更好的发展平台，从而共同推动企业向着更为繁荣的未来迈进。

总体来说，中小企业要想更好地发展，建立适合自身的人力资源管理模式是非常必要的，不能盲目地借鉴大公司的人力资源管理模式，要根据自身的特点，逐步建立"麻雀虽小，五脏俱全"的管理模式。

三、中小企业人力资源管理实务要点

如果某些企业规模比较小，成立的时间比较短，很多情况不需要专门去设立相应的人力资源管理部门，但是公司也是需要开展人力资源管理工作的。不论企业的规模如何，人力资源管理职能对企业的管理都发挥着极其重要的作用。

(一)选才——适才比精英更重要

1. 确保选人与企业战略目标契合

人力资源管理过程的顺利完成,可以为企业战略规划和目标实现提供重要的支持。当企业处于各个不同的发展阶段时,都应该制定相应的总体战略规划。在人才挑选的过程中,企业应该充分考虑如何实现资源配置需求和战略目标实现的有机协调。如果企业本身的战略目标比较缺乏,人力资源规划将难以实施,进而在选人过程中可能出现盲目从众的情况。

2. 与行业环境和企业地位相匹配的人才选拔

行业环境一直是发生变化的,企业地位也具有很强的多样性,因此会在很大程度上影响企业对人才的选择。因此对于企业,应该对行业所处的环境深入的分析,重点分析企业在整个产业结构中处于什么样的位置。企业也应该对行业内的地位详细地分析,当企业不同,企业地位不同,所需要的人才也存在着很大的差异。因此必须根据企业的实际情况,为企业制订科学的人才选拔策略,实现人才的科学利用。

3. 结合地域经济和人文环境选拔人才

在人才选拔中,企业必须考虑地域的经济水平和人文环境因素,避免过于理想化的选择。在对高校毕业生招聘的过程中,企业应该帮助他们更好地了解企业自身的情况,了解行业的具体情况,了解当地的实际经济水平,从而促进双方透明度进一步的提高。通过高校毕业生和企业的相互了解,可以为企业选择出更多的优秀人才,才能够为企业贡献更多的力量。

4. 考虑人才市场供应现状的人才招聘计划调整

企业本身无法实现人才市场供需关系的控制,但是企业本身在开展招聘的过程中,应该具有较强的灵活性。积极了解市场的供求情况,如果市场上人才比较多,适当地增加招聘数量也是可行的,进而加强人才的储备;如果市场上人才比较短缺,可以适当地减少招聘的数量,降低招聘的标准。灵活调整人才招聘计划有助于企业更好地应对市场变化。

5.兼顾短期和长期人才需求的人才战略

企业应该详细地分析公司的战略目标,针对性地制订科学的长期人才战略和短期人才战略。要根据企业的实际情况,实现人才的科学储备,从而进一步地满足短期人员的主要需求,人才能否合理储备,能否最优化配置,在很大程度上影响着企业能否实现更加良好的运转。

6.考虑人力资源成本的人才选择

人力资源成本包括的内容比较多,无论是人才的取得、使用、开发还是离职,都是有成本的。在人才选拔的过程中,企业需要根据岗位的要求,选择更加合适的人才,而不是一味地追求高素质人才。过度使用高素质人才不仅会直接增加工资成本,还可能导致人才流失,进而使机会成本上升。因此,在选择人才时,企业须权衡各方面的成本,以实现更为经济有效的人才管理。

当企业规模不断地升级时,企业的人才也应该进一步升级。但是中小企业的人才培训速度远远跟不上企业发展速度。从外部引进的人才需要很快地适应工作环境,企业领导对这些人员的重视程度比较高,会在一定程度上导致外来人员压力较大,难以更快地适应中小企业本身的工作环境以及市场的环境,因此,外部招聘人员的存留概率也不高。因此,对于中小企业,加强对员工招聘工作的重视是非常必要的。

(二)育才——人才的训练及发展

从企业的角度来说,如果没有高度重视员工的培训开发,就难以有效地应对竞争日益激烈的商业竞争挑战,也没有体现出对员工的重视。中小企业应该学会充分地利用现代人力资源管理的一些先进技术和方案,促进更加规范化人力资源管理体系的不断建立,加强高效人力资源平台的逐步建立,和国家实现有效的接轨,要尽可能多地获得和其他企业相互竞争的优势。根据规范化建设的主要要求,企业应该加强科学的企业培训开发体系的建立,尤其要重视关键人才的开发,加强后备人才的不断培养。

通过人力资源的发展和培训,可以进一步地增强员工在执行一些工作或者任务中的各种知识、技能以及态度,可以培养他们解决问题的各种能力。无论是哪个组织,都需要开展良好的培训,要能够为公司的正常运营提供重要的支持。如果现有人员无法满足这些要求,提升员工的技术水平、知识水平和适应性就显得尤为迫切。当工作复杂性不断增加时,员工培训的重要性就会更加明显。随着现代社会的不断变革,每个人都需要不断地更新自己的知识和技能,从而更好地适应市场的竞争。

为了加强员工的科学培训,重点从以下几方面着手。

1. 对员工能力现状进行分析

为了确保培训的针对性,要详细地分析员工能力的现状,要针对各种类型的员工群体开展科学的分类培训,要对员工行为或者工作绩效的差异科学衡量,确定其最终的培训需求。企业可以采取的指标有很多,如较为常见的生产成本、能力测验等,都可以充分地反映员工现有水平和企业目标之间存在着什么样的差异,根据具体的差异确定培训内容和方式。这样的差异分析有助于确保培训计划与组织的战略目标保持一致,从而更加有效地提升整体员工素质。

2. 确定培训内容与方式

(1)培训内容专业化

各个企业的岗位不同,岗位所需要的知识和技能也是不同的,因此培训员工的状况也存在着很大的差异。企业应该切实地分析自身的需求,要尽可能地做到专业化,实现培训内容的确定。企业希望每个人都可以掌握各种知识,但并非如此,某些专业性较强的人才对企业所能够创造的价值是不可估量的。

(2)培训方式自主化

不同企业的实际状况也存在着非常大的差异,培训模式也不是一成不变的,要根据人员的情况,根据企业实际情况,开展不同的培训方式,自主培训应该成为主体,这样就可以保证特定培训目标的顺利实现,也可以及时地发现其中存在的不足。

3. 培训效果的评价

在开展培训的过程中,加强培训效果的科学评价也是非常必要的,要进一步加强培训信息的科学处理和应用。通过评价过程,可以反映出培训和预期目标的差距,明确培训计划所取得的实效是如何的。通过科学的评估过程,可以实现对培训成果的全面了解,同时需要将这些评估的结果向有关部门及时反馈,从而为制订下一次培训计划提供重要的支持。

评价培训效果包括多个方面,如参与者的学习成果、培训活动的实际执行情况,以及培训所带来的组织变革。通过对这些要素的检查和评估,我们能够确保培训的投入得到有效的回报。同时,评价结果也为未来的培训计划提供了宝贵的经验教训,有助于不断优化培训策略和方法。

这个评价过程应当是一个循环的、持续改进的过程。通过不断地评估、反馈和调整,机构能够保持对培训效果的敏感性,确保培训不是一次性的活动,而是一个与组织发展紧密结合的长期过程。因此,培训效果的评价不仅是对已完成培训的总结,更是为未来的培训提供了可持续改进的契机。

(三)用才——充分发挥每个员工的潜力

在人力资源管理的过程中,充分地发挥员工的智慧和才能是非常必要的。用人机制建立的过程中，最主要的理念就是实现因材施教，要将合适的人安排在合适的岗位上。要积极地借助学习、培训、经验积累等各种人力资源管理手段，找到潜在的人力资源，从而为企业的生产经营过程提供良好的支持，避免造成资源的严重浪费。

企业应该采取更加科学的用人策略，不要苛求，要善于发挥每个员工的优势，而不是仅看重资历和文凭。建立科学的选人用人机制是至关重要的，为各类人才提供一个宽松、公平的发展环境，使他们能够充分展现自己的才华。当企业建立更加科学的用人机制时，员工的能力和岗位才能够实现相互匹配，也能够有效地避免人力资源浪费的问题。

1. 因事设岗，人岗匹配

优秀的能力、出色的业绩、卓越的个人素质并不总是意味着一个人就是最合适的人选。如果企业的观念比较陈旧，员工的素质不是很高，招聘了能力相对较出众的员工，可能会导致很多不必要的矛盾。因此在人才招聘的过程中，不仅要关注个体素质，也应该认真地分析岗位以及团队的特点，保证人才和拟任职位处于相互匹配的状态。

2. 工作目标要有挑战性

要详细地确定工作的具体要求，明确公司的主要目标，要具有更强的挑战性，这样才能充分激发员工工作热情。如果工作目标和要求相对较低，员工就会变得非常懈怠，不想上进，如果工作目标非常高，员工有可能信心不足。因此，设定的目标应该是具有挑战性的、可以完成的。一方面可以帮助企业目标的顺利实现，另一方面又可以促进员工能力的不断提升。

3. 岗位应动态调整

要详细地根据员工和本身的工作匹配程度，加强岗位的科学调整，能力比较高的员工，可以从事较高层次的、责任感更强的工作，员工应该和工作处于动态平衡的状态。不同岗位对知识和技能的要求也存在着较大的差异，因此必须加强岗位和工作内容的分层细化，当员工自身的能力不断发展时，相应地调整其岗位，提高其薪酬，不断调动员工积极性，充分地挖掘其潜力。

（四）留才——保持适用人才，激发他们为企业全心服务

在人力资源管理中，最主要的关键点就是如何更加合理利用员工，促进他们才能的充分发挥，为公司长远发展不懈努力，为公司创造更多的效益。很多情况下，仅凭借较高的薪水，无法留住人才。人的需求有很多，企业的管理者应该学会理解人心。留住人才最为关键的点就是留住人心。企业领导者应该为员工创造更多的沟通和交流的机会，要充分了解员工的心理，促进个人需求库的科学建立，在个人需求的基础上实现奖励。高薪只是其中的一部分，留住人才还需要巧妙运用相应的留"心"手法。具体而言，可以从以下几个方面入手。

1. 薪酬、福利留人

企业较为常见的激励措施就是薪酬和福利，对员工行为产生的影响是根本性的。薪酬和福利也是留住人才最为关键的手段。企业应该将公司战略、文化产出和行为薪酬体系有机地结合起来。薪酬制度的种类还是很多的，可以用于各种类型的企业。如果企业的专业化程度较高，分工非常明确，采取能力薪酬制度是比较合适的。即使薪酬制度是相同的，在各个企业之间也会存在着较大差异。企业应该切实地根据自身的情况，确定更加科学的薪酬制度，根据企业的实际情况，设立适用于该企业的薪酬制度。

2. 企业文化留人

企业文化的核心重点反映的是企业的价值观，在很大程度上反映着企业的综合素质。如果价值理念更加科学，可以充分地凝聚员工的心，激发他们积极向上的精神，为企业人力资源的开发提供更加强劲的动力。在建设企业文化,培育和弘扬企业精神的过程中,加强对科学内涵的重视也是必要的。企业应该积极地加强人格文化的建设,要能够充分地体现员工的价值和尊严,尽可能地营造出不断进取的浓厚学习氛围,让员工不断地学习,实现自我潜力的充分挖掘,不断地超越自己的能力。企业文化建设的过程中,才能够和人力资源开发有机结合起来,实现有机和谐统一。不同的中小企业都应该加强自身独特文化的建立,要严格树立以人为本的思想。

3. 感情留人

情感投资也会产生意想不到的效果。企业对人才应该充分地表现出爱心和真心,要尽可能地实现更加积极向上、团结和谐的人际关系氛围的营造,创建良好的工作、生产环境,让员工可以在愉快的环境中工作,从而促进公司凝聚力和吸引力的不断增强,尽可能地留住更多的优秀人才。

4. 事业留人

人力资源管理的过程中,践行以人为本的思想是必要的。要对员工的发展和企业发展情况有机结合起来,用人的过程也是培养人的过程,应该让为企业奋斗的人才在奋斗的过程中实现自我的不断发展。企业应该充分将自身的发展目标和员工的职业生涯有机地整合起来,促进人才管理作用更有效地发挥。

第五章 人力资源组织管理与培训开发

第一节 企业组织设计

一、企业组织设计概述

(一)组织概述

组织的本质是为了保证分工明确,科学地开展合作,实现各个层次权力以及责任制度的设立,实现既定目标的人员的集合。在这个过程中,组织必须具备明确或隐含的目标,这些目标是组织存在的基础。

首先,任何组织都是为了实现特定的目标而存在的。这些目标可以是清晰明确的,也可以是潜在的,但目标的存在是组织存在的前提。目标的明确性为组织提供了前进的方向,是组织行动和努力的向导。

其次,组织内部存在分工与合作的关系,这是由组织目标所决定的。为了实现经营目标,企业需要设立不同的部门,如采购、生产、销售、财务和人事等,各个部门负责不同的工作。这种分工使得每个部门专注于特定的任务,而各个部门之间必须相互协作,只有通过分工与合作的紧密结合,组织才能够实现较高的效率。

最后，组织内部还涉及不同层次的权力与责任制度。分工完成后，每个部门或个人需要被赋予相应的权力和责任，以便实现整体组织的目标。权力是完成工作所必需的，但同时需要相应的责任。只有在权力和责任相辅相成的情况下，才能防止权力滥用，确保组织目标的有效实现。这种权责结合是组织达成目标的关键保障。这一组织结构的合理运作是组织成功实现目标的基础。

（二）企业组织设计的内涵

组织设计是指管理者在企业运作中将各个要素巧妙地组合起来，以企业组织结构为核心进行整体设计和建设的过程。这一过程是实现一种特定组织结构的建立和落实。在有效管理的众多手段中，组织设计占有重要地位，其核心是对管理层工作的横向和纵向分工。

组织设计的任务涉及组织结构设计，包括职能、框架、协调方式等方面，并涵盖运行制度设计，其中包括管理规范、人员安排和激励制度等。在组织结构设计中，要能够将企业职能作为重点的出发点，详细地设计不同部门、不同岗位的职责，并确定其协作关系。而在运行制度设计中，着眼于组织结构本身，制定规章制度，合理配置人员，实施有效的控制机制。

组织设计的最终成果包括组织结构图、层级关系图、部门划分方案以及详细的职位说明书。这些成果不仅是组织设计的产物，更是企业内部协调运作和有效管理的基石，为实现企业目标提供了坚实的基础。

（三）企业组织设计的主要内容

1.职能设计

企业开展组织设计的过程中，职能涉及的内容很多，主要是经营和管理职能的规划。经营单位，本身应该根据战略的具体任务，去设计经营以及管理的主要职能。如果职能分配不合理，必须对其进行及时的调整,要能够将更多的不符合战略目标的职能有效地去除。

2. 框架设计

框架设计也是企业开展组织设计过程中,最为核心的组成部分,其应用广泛。简言之,框架设计涉及垂直的层级划分和水平的部门划分。这旨在确保组织结构合理、高效地运作,实现各层次、各部门之间的有效协同。

3. 协调设计

在协调设计的过程中,也需要给予协调方式规划的科学关注。在框架设计的过程中,加强分工的研究是必要的;在分工的过程中,加强协作是必然的。因此协调设计的过程中,需要进一步分析各个层次、各个部门之间如何更加合理协调地开展各种工作,开展更加高效的协同工作,促进整个管理系统整体效益的充分发挥。

4. 规范设计

规范设计是依据管理规范具体制定的。管理规范就是企业自身的规章制度,属于管理的主要规范和准则。组织结构设计的过程中,最终的目标是形成规章制度。管理规范应该保证各个层次、各个部门以及各个岗位都按照统一的要求以及标准开展协同工作。

5. 人员设计

人员设计重点涉及的内容就是人员的安排问题。管理者应该给予企业结构设计和规范设计更多的支持,管理并执行这些规范。要详细分析组织设计的各项要求,加强人员的科学设计,配备相应数量和质量的人员是非常必要的。

6. 激励设计

激励设计重点是规划激励制度,促进管理人员积极性的不断激发。激励制度既包括正面的激励,也包括一些负面的激励。通过该制度,重点是为了充分带动管理人员的工作积极性,实现对各种不规范行为的约束。

二、企业组织设计的原则和程序

(一)企业组织设计的原则

1. 精简原则

管理层次和部门设计应当合理、清晰,并确保高效运作。

2. 权责对等原则

权力和责任作为同一事务的双方,职权与职责必须保持平衡和对等。

3. 统一指挥原则

在组织层次中,每一级别应只接受一个上级的指挥,以确保不发生"政出多门"的情况。

4. 灵活性原则

组织结构应具备灵活性,以适应动态的外部环境,确保与静态组织结构相协调。

5. 效率、效益原则

效率和效益被视为组织结构的基本准则,其中效率标志着结构的协调合理,而效益则是设立组织的根本目的。

6. 管理宽度原则

关于管理宽度的确定,需要根据不同组织、管理者以及被管理者的具体情况来进行评估。

7. 目标明确原则

无论是哪个组织,都应该明确本身的定义,明确特定的目标,组织结构的设置过程中应该为这些目标服务的实现提供支持。

8. 分工协作原则

为了保证组织目标的顺利实现,必须依靠组织全体成员的共同努力。分工规定了各部门、各层次和各成员的工作内容和范围,从而明确了各方的职责,也为协作提供了基础。

9.弹性原则

组织结构需要保持一定的稳定性,同时必须灵活变化,以适应组织内外部条件的变化。这种灵活性是确保组织持续发展的关键。

(二)企业组织设计的程序

企业组织设计要充分考虑到组织目标和组织资源,按照一定的程序步骤进行结构设计和制度设计。其程序如图 5-1 所示。

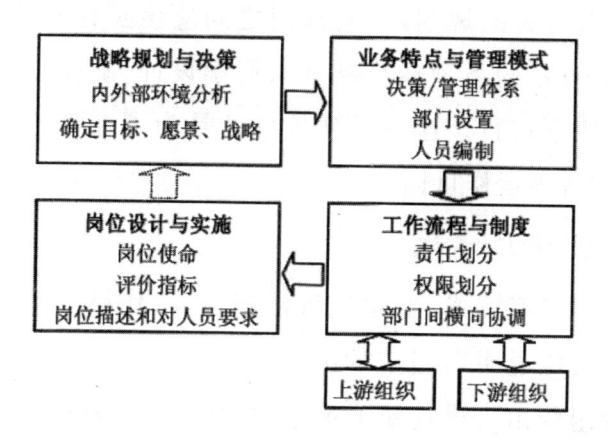

图 5-1 企业组织设计的程序

1.战略规划与决策

为了保证组织目标科学设立,首先要做的就是科学地收集和分析资料,开始设计前的科学评估,实现组织目标的明确定义。这一步骤需要紧密结合组织的发展战略,全面分析内外环境因素,确保目标的设定在整体战略框架下更有针对性。

2.业务特点与管理模式

这是划分业务工作、提出组织结构基本框架的关键过程。组织的构成一般都有很多个部门,各个部门的工作性质、工作内容都是不同的,但是彼此之间存在着很多的联系。因此应该将组织活动进一步组合成较为具体的管理单元,对其业务范围和工作量进行明确说明,保证工作可以实现更加合理的划分。在此基础上,要详细分析组织设计的各项要求,决策组织的层次结构以及部门的划分,促进层次化组织管理系统的形成,从而建立组织结构的基本框架。

3. 工作流程与制度

工作流程与制度的设计是为了明确职权和责任,规划组织运作方式的过程。在工作流程设计中,需要明确定义部门间或岗位间的职权和责任,通过职位说明书或岗位职责等文件形式对各层次、各部门和每个职位的权限和责任进行清晰的表达。组织运作方式设计的过程,包括联系方式的规划,不同部门之间应该是相互协调的,也包括管理规范以及不同类型运行制度的科学设计,确保组织运作在有序、规范的框架下进行。这一系列的设计是为了在实践中更加高效地实现组织的各项运作目标。

4. 岗位设计与实施

组织目标、管理模式、工作流程确定后,工作被分解到各个具体岗位上,通过岗位说明书确定的岗位要求,配置人力资源,并在组织运行中,发现组织由于设计缺陷带来的功能和效率的不足,进而不断改进和优化。

根据工作流程决定人员配备,是指根据工作的具体要求,考虑职务、岗位以及所需技能,选择并配置适当的管理人员和员工。这个过程不仅有助于确保组织中每个角色都得到妥善安排,还可以提高工作效率和协同合作。这一步骤是组织管理的基础,它确保人员的分工和配备与工作流程的需求相契合,从而为组织的正常运营打下坚实的基础。

形成组织结构过程涉及对组织的层级关系、部门划分以及信息流动的规划和安排。通过形成清晰的组织结构,组织能够更好地协调内部工作,提高决策效率,并为员工提供明确的工作方向和责任。

调整组织结构是组织适应变化、保持灵活性和提升竞争力的重要手段。随着市场和技术的不断演变,组织需要不断地调整其结构,以适应新的挑战和机遇。通过持续地组织结构调整,组织可以更好地适应变化的环境,提高其适应性和创新性。

第二节　中小企业组织结构的类型与选择

常见的组织结构类型有直线型组织结构、职能型组织结构、直线—职能型组织结构。除此之外,还有事业部组织结构、矩阵型组织结构等。

一、企业组织结构的类型

(一)直线型组织结构

1. 概念

直线型组织结构是一种按照明确的指挥层级进行工作分配的模式,其中每位成员只向一个上级负责,并须绝对服从该上级的指令。这种组织结构通常适用于企业规模较小、生产技术相对简单的情况,并且要求管理者拥有涵盖生产经营所需全部知识和经验,特别是对企业的最高管理者而言,需要具备全面的能力。

2. 特征

①每位主管在组织中对其直接下属拥有直接的职权。
②每个成员只向其直接上级负责或汇报工作,建立清晰的上下级关系。
③主管人员在自身的管辖范围内,具有绝对或者完全的职权。

3. 优缺点

(1)优点

一个下级通常只有一个上级领导来管理,上下级之间的关系非常简单,层级制度非常严格,具有良好的保密程度,决策和执行工作的过程具有很高的效率。管理沟通的信息来源以及流向处于固定的状态。管理沟通的渠道非常简单。

(2)缺点

直线型组织结构的管理存在一些缺点。首先,由于缺乏专业分工,各级管理者被要求具备全方位的管理能力,这使他们的工作负担变得相当沉重。特别是在企业规模较大的情况下,全能管理者很难有效地领导和管理整个组织。

其次,直线型组织结构下,管理沟通的信息流动受到严格控制,来源和基本流向由被管理者牢牢掌握。这导致管理沟通的速度和质量严重依赖于直线中间的各个节点。由于信息必须经过这些节点,很容易被截取、修改或删除,进而导致管理沟通的不畅或出现错误。

总体而言,直线型组织结构在面对较大规模企业时,由于全能管理者的负担过重及信息流的受限,可能会导致领导与管理的困难,以及沟通效率的降低。

(二)职能型组织结构

1. 概念

职能型组织结构是一种管理方式,通过职能的专业分工取代了全能式管理在直线型组织结构中的角色。在这种结构下,下属既需要服从上级主管的指挥,又需听从上级各职能部门的指导。

2. 特性

①不同级别的管理机构、人员等都有明确的专业化分工,不同部门负责的管理职能是特定的,每个职能部门的业务活动都可以为整个组织提供相应的服务。

②企业自身的权力属于高度集中的状态。不同的职能部门以及人员对单方面的职能工作负责,公司的最高领导者对企业的全面运作过程负责。企业的最高领导层掌握着企业的生产经营决定权。

3. 优缺点

(1) 优点

① 提高使用人员的灵活性。

② 促进知识和经验的充分交流。

③ 专业人员有助于在本职部门内实现顺畅的晋升。

(2) 缺点

① 部门间的跨界交流和合作较为困难。

② 过分关注与职能部门直接相关的问题，忽视利益范围之外的事务。

③ 容易导致责任的不明确。

(三) 直线—职能型组织结构

1. 概述

直线—职能型组织结构旨在确保直线统一指挥，并最大程度发挥专业职能机构的效用。

2. 特色

在这种组织结构中，不仅包括直线人员，还需要职能参谋人员提供支持服务。直线人员直接参与组织目标的实现，而职能参谋人员则是以间接方式为组织目标的实现提供关键服务。

职能参谋部门制订计划、方案以及有关指令，但这些计划和指令需要由直线主管进行批准和下达。职能部门的参谋在这一过程中主要扮演业务指导的角色，而无权直接下达命令。

3. 优劣势评估

(1) 优点

① 可以实现集中统一指挥。

② 分工非常细密，可以实现专业化管理，管理效率较高。

(2)缺点

①"集权式"结构严重,权力过于高度集中,下级自主权缺乏。

②各个部门之间缺乏有效横向联系,存在较多的矛盾。

③信息传递路线一般较长,反馈的速度非常慢,难以有效地适应环境的变化。

对于这种组织结构,可以实现直线型和职能型优缺点的有机平衡,但也要高度重视其权力分配以及横向沟通的问题,尽量克服存在的不足。

(四)事业部组织结构

1. 定义

事业部组织结构的主要核心就是事业部门。重点需要满足三方面的因素:一是本身的产品和市场是独立的,需要承担产品或者市场的责任;二是本身的利益是独立的,需要开展独立核算,最终形成利润中心;三是分权单位,必须拥有足够的权力,要能够实现自主化经营。

2. 特点

(1)分权管理

政策的制定和行政管理应该处于相互分离的状态,企业的最高管理层把握着集中决策的权力,事业部重点负责日常经营的各种活动,但是要严格遵循公司的各项目标和方针。

(2)自主决策

事业部重点负责日常经营活动的决策,本身具有自主性,自身可以充分发挥主观能动性。

(3)协调一致

最高管理层保持对事业发展的决策权,以确保企业保持完整性,防止"各行其是"和"群雄割据"情况的发生。

(4)清晰职能关系

与直线结构组织和职能结构相比,事业部结构的组织关系更为清晰。

3. 优缺点

(1)优点

决策机构强大,最高管理层能够专注于决策,脱离日常行政事务。经营主动性,各事业部具有较高的经营主动性。稳定适应兼顾,既能保持较高的稳定性,又具备较高的适应性。管理人才培养,有利于培养企业管理人才。

(2)缺点

高要求管理人员,对事业部一级管理人员的要求较高。权力非常敏感,集权和分权的关系也非常敏感,如果处理不恰当,对整个组织的协调一致会产生较大的影响。管理成本相对较高,不同事业部都有自身的职能部门,管理人员较多。

(五)矩阵型组织结构

1. 含义

矩阵型组织结构是一种由不同部门、具备不同背景、技能和知识的人员组成的组织结构,通常小组规模较小。这些小组以共同工作的方式成立,特别是以特定项目为基础建立的项目工作组典型地体现了矩阵型组织结构的特色。

2. 特点

矩阵型组织结构的特点在于根据任务的需求将各种人才集合起来,任务完成后小组解散。在小组内,人员流动性大,需要某个技能或背景的人时,相应的人员随时加入,任务完成后也可以随时离开。这种灵活性使得一个人可以同时参与多个工作小组,就如同一个演员可以参与多个摄制组的工作。工作小组本身的适应性很强,具有较强的机动灵活性,很容易接受不同的新观点以及新方法。然而,这种组织结构也存在缺点,主要体现在缺乏稳定性,而且在规模上也存在较大的局限性。

3.优缺点

(1)优点

本身的灵活性非常强,具有较强的适应性,可以促进组织纵向联系和横向联系的有机结合,各个职能部门之间可以开展各种合作;专业人才潜能得到充分发挥,能培养各种人才。

(2)缺点

小组本身具有临时性,不是固定的,稳定性较低。小组成员需要面对两个领导,当领导意见不相同时,成员就不知道如何开展工作。

二、中小企业组织结构的选择

(一)我国中小企业组织结构现状

我国的中小企业大多成长于 20 世纪 80 年代,经过近 30 年取得了长足发展,但依然存在经营管理不规范、信息化程度低、人力资源效用发挥程度低、授权程度低等问题。中小企业的发展有一个共同的特点,就是缺乏固定、合理的组织结构,能够通过组织的优势而不是个人的优势来解决公司发展中出现的一系列问题。选择与我国的中小企业发展相适应的企业组织结构是摆在每个中小企业经营管理者面前的现实问题。

在组织管理上,中小企业采取的组织设计和管理方式主要有以下两种:

①家族制企业的家长式管理结构,操作方式大部分还是家庭成员集体上阵,哪里有事到哪里,不进行工作分工、不讲计划性、不用协调,甚至有事不必沟通,就把很多工作做了。这种方式往往效率很高,解决问题很快,但也造成经营过程中的不足和过剩现象,易造成浪费和损失。

②虽然建立了组织管理结构,但是企业的高级管理层不是行政管理的专业人员,缺乏针对不同的管理阶段,对组织结构进行合理变

革的敏感性。有的中小企业沿袭的是原来国有企业的组织模式,在一定程度上,这种模式是在政府模式的基础上设定的,有分工,但是不科学。

大部分健康发展的中小企业的经营管理者,已经意识到上述问题,于是很多企业开始进行组织机构的变革,开始运用现代的管理理论和成熟的管理经验管理企业。

中小企业在组织设计、调整和优化的过程中,易出现以下问题:

①虽然职能分清了,但是没有相关的、合适的、有专业技能的人才。

②虽然人才引进了,却没有设计合适的工作环境,或者引进的人才本身就是不合格的。

③职责、职能分清了,效率却很低。

④老员工习惯于旧有模式,满足于原有的权力、利益等眼前状况,而不愿意变革。因为变革也是对权力和利益的再分配,往往会伤害到老员工,引起企业内部原有成员的不满,阻碍企业改革的进程。

(二)中小企业组织结构选择路径

在中小企业中,由于规模较小,其内部管理结构的变革主要涉及职能机构的重新设计和管理流程的变革。为了更好地协调企业的各项活动,提高组织的运行效率,选择适当的路径对组织结构进行优化尤为重要。

1. 构建扁平化的组织结构

传统的垂直等级化企业组织结构官僚主义是非常严重的,也存在着一定的职能型缺陷,难以有效地适应市场不断变化的竞争环境。中小企业要想更好地发展,采取"扁平化"的组织形式是可行的。由于中小企业规模较小,管理层次相对较少,构建扁平化的组织结构能够维持其高效率。然而,随着规模的扩大,实现组织结构的扁平化将是保持这一优势的必然选择。

(1) 引入利润中心模式

如果可以在业务流程中,更加科学地引入利润中心模式。基层单位自身就会获得资源配置的主要权力,经营权力就会增加,业务流程的开展将更加顺畅,组织的活力性和适应性将更强。

(2) 建立自主权力的工作团队

通过具有更强自主权力工作团队的建立,可以实现权力的进一步下移以及更加灵活地运作。互补技能的成员是团队的核心,借助协作的方法,保证共同目标的顺利实现。

(3) 推行远程办公

在此过程中,要充分地借助现代先进的信息技术,保证管理信息可以实现无障碍地沟通,保证组织决策层和业务层之间可以实现更加良好的衔接,促进组织柔性化的不断增强,使得中小企业可以更好地适应市场的变化。

(4) 业务外包

为了实现企业有限资源在核心业务的集中,中小企业的其他辅助性业务可以采取外包的形式。这不仅实现了业务专业化,增强了竞争力,还减少了组织的复杂性,提高了适应市场的能力。

2. 业务流程再造

企业管理流程是管理业务各环节联结起来的网络程序,通过重新设计和优化这些流程,中小企业能够建立以业务流程为中心的整套管理体制,克服内部职能分工的弊端。

(1) 审视现行业务流程

通过全面分析业务内容,理顺业务联系,找出企业核心业务,中小企业可以确定关键业务流程,这是其主要利润来源和命脉。

(2) 制订企业价值链

基于关键业务流程,制订企业价值链,利用信息技术对业务流程进行重新设计。目标是缩短流程路线,减少不增值的环节,优化核心增值活动,形成顺畅的管理网络,提高管理效率。

中小企业规模较小,组织结构相对简单,其内部管理结构变革主要包括职能机构再设计和管理流程变革,最为重要的路径就是实现组织结构扁平化建设,实现业务流程再造,从而实现企业组织活动的有机协调,促进企业自身运行效率的有效提高。

(3)做好流程管理,保证新流程有效运行

新流程要求在组织保障、人员等各方面进行相应变化,以发挥其效用。这包括建立流程管理信息系统和引进适应复杂工作的综合型人才等。

3.企业超边界整合

根据组织创新理论,在剧烈变动的信息化市场环境下,企业组织的边界不再是固定的。中小企业为赢得复杂环境下的竞争优势,必须超出传统边界实现组织整合,扩展跨越组织边界的外部联系。

主要路径包括:

(1)产业链整合

产业链整合的过程中,要能够充分地借助不同类型的信息技术以及流程管理的主要手段。若企业处于事实上的支配地位,可以拥有对产业链的控制力,甚至可以帮助上游企业制订生产计划。市场机制和管理机制达到有机融合,整个产业的生产活动也得到了有机协调。特别指出的是,企业之间仍然保持着产权上的独立性。

(2)网络型组织创新

网络型组织作为企业间的一种联盟方式,旨在将具有不同竞争优势的企业整合为实体或虚拟企业,让它们充分发挥各自长处,相互协作,共同谋取更多经济利益。在这种组织中,各成员企业都是独立的,分担各自的法律责任,其协作和经营的协调并非依赖于行政命令,而是通过交涉与沟通实现,使得网络内的企业都成为平等的合作伙伴。

网络型组织创新的具体表现形式有:

①战略联盟,即拥有不同战略资源的企业为追求共同利益而结成的策略联盟。

②连锁经营,这是一种自愿加盟、资源合作的模式。

③虚拟经营,是由多个独立但有着特定联系的企业组成的、能够相互优势互补的团体。

第三节　企业人力资源管理制度设计

一、企业人力资源管理制度设计的原则

企业人力资源管理制度是内部规范人员管理的实施法则,为确保其有效性,制定时应遵循一系列原则。

(一)合法性原则

合法性原则是指在制度设计的过程中,要将企业的各项法律法规作为主要的依据,企业本身属于法人的实体,经营管理的过程中,必须严格按照国家的相关法律法规去开展,要详细地划分人力资源管理的内容,无论是招聘环节还是用人环节,都应该严格按照国家的法律法规去开展。人力资源管理制度在很大程度上会对员工的切实利益产生影响,处理不当可能引发劳动纠纷,甚至导致矛盾冲突,对企业正常经营产生直接影响。因此,制定者必须对国家法律法规了如指掌。

(二)公平性原则

公平性原则要求公司的人力资源管理制度对所有员工具有同等约束力,不论其职位高低。在制度设计的过程中,要保证员工利益必须和企业利益紧密地结合在一起,要能够为双方的共同发展提供支持,这也是制定制度规划最为基础的原则,当制度处于不公平的状态时,对员工自身的长远利益会产生严重的损害,也会对企业的长期利益产生不利的影响。

(三)规范化原则

规范化原则强调人力资源管理制度本身应具有严密和程序化的

特征。制度必须规范、科学,这是操作实施的基础。规范化有助于确保制度的执行,使其不至于模糊不清或存在漏洞。

(四)可操作化原则

可操作化原则要求制度设计考虑实际操作性,否则将无法实现人力资源管理制度化的目标。制度的可操作性必须以企业的实际状况和需求为出发点,确保能够在实践中得以有效执行。

(五)可调整性原则

任何制度设计的过程中,都需要很长的时间,不可能在很短的时间内就全部完成。因此,必须以架构式思维框架考虑制度设计,使健全的人力资源管理制度能够随着公司的发展和变革进行相应调整,保证人力资源管理水平不会滞后于公司的发展。这有助于确保制度的灵活性,以适应不断变化的业务环境。

二、企业人力资源管理制度的主要内容

企业人力资源管理制度的关键要素在于确保完整性,一套全面的管理制度应当包括以下方面的规定,以表5-1为参考。

(一)明确定义人力资源管理部门的职责

不同公司对人力资源管理部门的期望各异,但首要任务是规定人事部门的职责和权限范围。这一规定将成为公司人力资源管理的基石。

(二)建立人员甄选与录用制度

这一制度的目的在于确保公司引进高质量的人才。人员的甄选与录用是企业获取人才的关键步骤,其质量直接关系到企业人力资源的整体素质。

(三)制订员工薪酬制度

薪酬管理在整个人事管理中扮演着极为重要的角色。员工的薪酬直接关系到他们个人的利益,因此,制订公平、透明和合理的薪酬管理制度至关重要。

(四)建设员工保险制度

员工保险是维护员工权益的核心内容之一。

(五)设立员工培训制度

员工培训是公司内部人力资源发展的保障,不仅能满足公司的发展需求,也能满足员工个人发展的迫切需求。

(六)实施员工考核制度

公正的管理在很大程度上取决于工作绩效考核的公正性。因为工作绩效的评估直接牵涉到员工的薪酬、奖励、晋升、调动,以及降职和解雇等方面。

(七)制订人事调整管理制度,又称人事异动

所有涉及公司内部人员升迁、降职、调动和离职等工作都应属于人事异动的范畴。制定人事调整管理制度的目的在于确保这些人事调整按照规范化程序进行。

(八)建立劳动合同与人事纠纷管理制度

公司与员工的关系应以契约的形式体现。在出现各种人事纠纷时,应通过制度化的程序解决,以维护双方的权益。

(九)确立人事管理的日常工作制度

主要包括人事档案管理和人事统计及报表管理两方面。这些制度的建立旨在加强人事管理部门工作的科学性和规范性。

表5-1 企业人力资源管理制度的主要内容

制度和规范名称	制度价值分析	常见管理记录	备注
员工手册	企业要编写一套有效的员工手册,员工手册要提炼所有制度的精华内容	—	新员工入职时签订

续表

制度和规范名称	制度价值分析	常见管理记录	备注
员工招聘管理规范	企业要规范招聘面试登记和录用流程，特别是录用过程必须防范录用风险	"新员工招聘申请表""新员工应聘登记表""新员工面试评价表""新员工录用审批表"等	招聘登记表内容要严谨、规范
员工入职和转正管理规范	企业要规范员工入职流程和服务标准，提升企业形象	"新员工欢迎函""劳动合同书""新员工试用期考核表""转正审批表"等	要规范试用期考核对应转正
绩效考核管理制度	企业要有一套明确而严谨的绩效评估流程	"年度考核任务书""员工考核指标确认表""绩效考核申诉表""员工考核评价表""考核对应奖惩审批表"等	考核指标下发以及确认过程要规范
薪酬福利管理制度	企业要维护统一有效的"薪酬职级表"，与任职资格以及绩效考核挂钩	"薪酬（福利）调整审批单""薪资（福利）调整通知书"	公司福利要透明、规范
培训管理制度	规范培训管理制度，提升企业员工能力	"培训签到表""培训效果反馈表""培训协议书""公司年度培训记录表"	外部培训要及时和员工签订"培训协议书"
考勤休假管理制度	公司考勤休假管理规范有序	"员工请假审批表""员工加班审批表""员工调休审批表"等	—

续表

制度和规范名称	制度价值分析	常见管理记录	备注
劳动纪律管理制度	明确劳动纪律，明确规定违纪的行为规则	"员工违纪处罚审批表""员工违纪处罚通知书""公司制度民主评议表""公司制度民主评议报告"等	涉及员工切身利益的制度要民主评级
员工离职管理规范	规范企业制度保障劳动者权益	"员工离职申请表""离职访谈记录表""员工离职联合会签表""竞业限制协议""员工离职证明"等	—
……	……	……	……

三、企业人力资源管理制度设计的流程

企业人力资源管理制度设计和企业所有制度一样，编写流程基本一致，如图 5-2 所示，在设计、运行过程中，对存在的问题及时反馈调整，根据问题级别不同，反馈的环节也不一样。

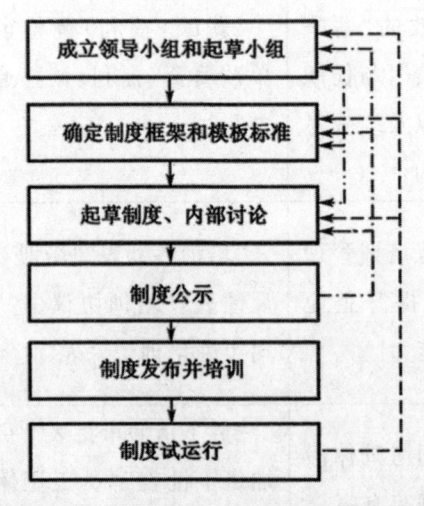

```
成立领导小组和起草小组
        ↓
确定制度框架和模板标准
        ↓
起草制度、内部讨论
        ↓
    制度公示
        ↓
   制度发布并培训
        ↓
    制度试运行
```

图 5-2　企业人力资源管理制度设计的流程

(一)成立企业制度领导小组和起草小组

企业在人力资源管理制度设计的过程中,应该成立由企业领导所组成的领导小组,制定制度的过程中,高层管理人员应该给予更多的支持。尤其是关系员工自身切实利益的一些问题,高层要从宏观的角度分析,保证制度内容更加地合理且具有较强的可行性。

在企业起草小组建立的过程中,要坚持公司的统一管理,协同开展各项工作,全面深入的讨论,保证不同类型的管理制度流程都具有更强的规范性。

(二)确定管理制度框架和模板标准

为满足企业经营管理的需求,制度起草小组将制定一致的管理框架,并深入研讨确定制度模板中的要点。通常情况下,每个制度涵盖但不限于以下内容:

1. 主要目的

阐述制定管理制度的核心目标,以确保制度的设计和实施能够对企业达成战略目标起到关键作用。

2. 术语定义

详细定义常见的专业术语和名词解释,以促进对制度的一致理解,并降低信息误解的风险。

3. 适用范围

明确划定制度的适用范围,例如,是适用于整个集团还是特定子公司,以确保制度的针对性和有效性。

4. 职责分工

确定在该管理制度下各部门的具体职责,以建立清晰的组织责任体系,促进高效地协同工作。

5. 主要流程

描绘涉及的工作流程图,以可视化的方式呈现制度的实施路径,帮助相关人员更好地理解和遵循流程。

6. 制度规定

明晰制度规定中的具体内容,确保所有相关方都能准确理解并一致遵守制度规定。

7. 相关制度

指明本管理制度引用的外部管理制度,以建立内外部制度之间的协调和一致性。

8. 主要记录

确定本管理制度所需的配套记录文件,以有效地支持制度的实施和监督。

9. 制度生效

规定制度何时正式生效,确保在实施前充分的沟通和培训,以便员工能够迅速适应和遵守新的管理规范。

通过这一过程,我们旨在建立一个符合企业需求、明确而全面的管理制度体系,以支持企业的可持续经营和发展。

(三)制度制订及内部讨论

在相关制度制订完成后,小组内部必须对其进行充分的讨论和分析,要保证不同制度的实现都具有良好的管理基础,员工能够更好地接受相关的制度。这个内部讨论阶段是确保制度的完善和顺利实施的关键一环。

(四)制度内部公示与反馈

如果经过小组内部的讨论,一致决定制度通过,就需要在公司的内部公开。尤其是影响员工自身利益的制度,要做到全员公示,保证制度具有更强的有效性。公示后,可能会收到员工的反馈意见,根据反馈意见的层级,在流程中反馈至不同环节进行妥善处理。

(五)制度发布及员工培训

制度一经内部公示通过,就需要开展全员培训工作。员工培训的过程中,对培训的具体信息详细记录。这确保了员工充分理解并能够正确应用新制度。

(六)制度试运行与问题反馈

无论是什么制度,在正式发布之前,经过一段时间的试运行是非常必要的。在试运行的过程中,如果发现存在的一些问题,必须及时地反馈相应的问题,并对问题的内容不断修正。这个阶段是为了确保制度实施过程中的顺利推进,并及时修复可能出现的问题,从而提高制度的实效性和适应性。

第四节 员工培训概述与需求分析

一、员工培训综述

在这个知识不断更新、经济迅速发展的时代,企业面临着不断的变化。为了生存和发展,企业必须迅速适应这种变化,而培训成为增强企业应变能力和竞争力的不可或缺的手段。

国际上,许多知名企业长期以来一直高度重视员工培训。如联邦快递公司非常注重培训,每年投入2.25亿美元,占公司总开支的3%。这些投资不仅提高了员工的工作能力和积极性,还为技术创新提供了帮助,降低了工作损耗和事故发生率。

尽管国内一些企业已经逐渐开始关注员工培训,但主要集中在国有大中型企业和垄断行业。在众多中小企业,尤其是中小民营企业中,员工培训常常被忽视。就已经进行的培训工作来看,大多数企业并没有做到位,许多企业只是为了培训而培训,缺乏前期的培训需求分析和后续的培训效果评估。一些管理者甚至认为培训不可能在短期内取得成效,往往将其看作是为别人做的"嫁衣"。因此,当企业需要节约开支时,首先考虑的就是削减培训费用。这表明在当前阶段,我国企业对培训的认识仍然不够深刻和全面。从长远发展的角度来看，全面认识和实施员工培训具有极为重要的意义。

（一）员工培训的含义与目的

员工培训的过程中，重点是企业向一些新员工或者企业原有员工讲述一些工作过程需要的不同类型的知识、技能、价值观念等。企业要制订相应的培训计划，根据具体的步骤开展员工的培训工作，以确保他们能够胜任工作要求。人力资源管理的过程中，经常会提及培训以及开发等不同的概念，但是这两者在内涵上存在的差异还是非常明显的。培训的重点在于帮助员工获取完成当前工作所需的知识和技能，使他们更有效地履行目前的职责。例如，通过演示向工人展示如何操作车床，或者向管理人员传授如何有效安排日常生产。

与培训不同，人力资源开发则侧重于为员工未来的职务（可能是晋升或岗位轮换后）提供所需的知识、技能、能力和态度的教育。这种方法强调的是对未来的人力资本进行投资，旨在培养员工适应企业未来发展的需要。尽管培训和开发有着不同的重点，但它们本身具有相同的目标，就是保证员工自身各方面的综合素质稳步地提升，更好地满足职务的各项需求，为未来职业的不断发展制定良好的规划，通过不同类型综合培训内容开发策略的开展，有助于构建具备多样技能和准备未来的员工队伍。

尽管企业在招募员工的时候，做了大量的甄选工作，但对于任何一个新进入组织的员工，无论本身素质有多高，专业技能有多强，都不可能和企业所安排的工作完全符合，很多新入职的员工在该企业中的工作经验还是比较缺乏的，也不了解新企业对员工工作态度和工作方式等方面的要求。因此，企业为了保证员工更加快速地掌握各种类型的技术和知识，养成良好的工作态度，加强相应的培训是非常必要的。在过去，大多数企业习惯于将培训作为一项例行的事务，其内容不外乎是安全知识培训、企业规章制度培训和操作技能培训，如培训新员工的安全生产知识、培训焊工焊接技术、培训销售人员如何洽谈业务等。

首先,对员工进行广泛的技能培训至关重要,其中包括解决问题、沟通和团队合作等方面的技能。这样的培训内容的扩展不仅反映了技术进步和经济发展对企业提出的新要求,更彰显了企业在不断变化的经济和技术环境中持续发展的必要性。随着环境的不断变化,企业也在不断地成长和发展,员工必须不断地提升自己的知识和专业技能,保持良好的工作态度,这样才能够实现外部环境的有效适应。员工仅仅胜任当下的工作已经不足够,还需要能够满足未来顾客在产品创新和服务质量等方面的需求。为了应对这些新的要求,员工的素质和技能必须持续提高。因此,现代企业非常强调员工的终身学习,使培训成为一种常态化的人力资源管理制度。这不仅适用于新员工,还包括老员工,特别是企业的管理者和领导者,他们也需要不断"充电",接受培训。

其次,很多的企业开始通过培训,促进企业组织吸引力的不断提升,促进员工本身奉献精神的不断加强。而对于很多的现代企业,员工具有了更强的自我意识。工作对他们来说,一方面可以赚钱;另一方面可以不断提升自我价值。他们非常重视工作中的个人发展前景。如果企业不能为员工提供实现自我价值的机会,就可能降低员工的工作动力和绩效。高质量的培训恰好能够满足员工在这方面的需求。通过对员工更加有效的培训,可以促进员工自身潜力和素质的充分开发,可以让他们在工作的过程中不断地成长,员工对企业的忠诚度也会进一步地提升,企业的凝聚力会因此增强。

(二)员工培训的内容和类型

1.培训内容的两个方面

员工培训的内容主要分为两个不同的方面,重点就是职业技能的培训、职业品质的培训。让我们深入了解这两个方面的内容。

首先,职业技能培训最主要的关键点就是促进基础知识、专业知识以及技能的不断提升。企业应该高度重视培训的重点,高度重视专业知识和技能的不断培训。在录取员工的过程中，员工的基本知识和素质应该是录用员工的主要条件，当录用完成后，就需要进一步加强员工专业知识和技能的提升。员工通过这类培训学到新的专业化知识和技能，不仅有利于个人成长，还会培养其对企业的认同感和承诺，从而降低员工离职的可能性，进而更有可能实现卓越的工作绩效。

其次，职业品质培训的关注重点是员工本身的职业态度、责任感、职业道德以及职业行为等各个方面，这些内容和企业的文化都应该处于相互一致的状态。目前企业现代化程度越来越高，员工自身的知识水平和技能对工作绩效的影响不是非常明显，而员工本身的工作态度、工作方式等对企业效益的影响越来越大。因此企业员工自身拥有良好的职业知识技能是远远不够的，员工培训的过程中，也要对员工职业品质方面给予更多的指导，让企业和员工，员工与员工之间更加信任，建立良好的企业文化氛围。这种文化氛围有助于促进团队协作，提高整体工作绩效。

2. 面向对象的培训内容选择

在确定面向对象的培训内容时，我们必须确保培训体系的全面性，覆盖企业中不同职责角色的人员，涵盖从领导层到一线员工的各项培训。但不同员工职位存在较大的差异，培训的侧重点也应该适当地调整。

（1）高层管理者的培训

高层管理者重点是对企业生产经营的过程负责，他们自身的知识、能力、品质、态度等很大程度上决定着企业的发展情况。他们的经验一般都比较丰富，能力相对较强，对他们培训的过程中，重点就是如何科学利用经验，实现战略性的思考，全面把握企业的发展方向，即培训他们"做对的事情"。

具体培训内容包括企业外部经济政策环境变化趋势、战略管理思维方式与工具、集权与授权的运作管理，以及必要的市场、法律与财务知识。

(2) 中层和基层管理人员的培训

中层和基层管理人员在企业中扮演的角色是衔接的作用，重点就是实施上层管理者的命令，对员工的利益给予重视，表达员工的不同愿望。很多的基层管理者都会从业务岗位向管理岗位转型，自身的管理经验还相对不足，在培训的过程中，加强这些员工沟通协调技能的培训是非常必要的。

(3) 各类专业人员的培训

不同类型的专业人员所处的领域是不同的，了解的内容比较局限，和其他专业人员的沟通和了解比较少。企业培训的过程中，应该加强这些员工专业知识的培训，促进技能的不断提高，促进他们获得更多的新知识和新技术，同时要加强员工大局观念的培训。保证各个专业人员之间都可以更好地协调和合作。

(4) 一般员工的培训

一般员工属于企业的主体，他们的任务重点是实际操作公司的各项工作。培训的过程中，应该重点培训工作的具体说明，详细地阐述工作规范的各项要求，对他们的操作技能进行科学地培训，为工作任务的完成提供必要的支持。

3. 培训类型

在员工培训中，根据培训方式的不同，可将其划分为不同的类型，下面进行简单地分析和阐述。

(1) 岗前培训

岗前培训针对的对象是新入职的员工。新员工在加入企业的第一天，所经历的事物将深刻影响他们对企业的第一印象，并且这一印象将在很长一段时间内持续产生影响。新员工在企业的最初阶段经历将成为其职业生涯发展的起点，因此，为新员工提供周到和信息丰富的岗前培训尤为重要。岗前培训的主要目标有两个方面：一是要保证员工对企业具有更强的自豪感以及归属感，保证其更好地认同企业的价值观,规范自己的行为;二是促进员工对企业情况的深入了解,更加快速地掌握所需要的各项工作技能,掌握具体的工作流程,让员工在企业中可以实现更好的发展。培训的具体内容可以通过发放员工手册、安排专人讲解、召开座谈会和带领新员工实地参观等方法进行。岗前培训要达到使新员工感到自己加盟企业是受欢迎的、值得的,从而愿意为企业好好工作、谋求更大发展的效果。

(2)在岗培训

在工作场景中,针对员工的培训方式多种多样,在岗培训是非常重要的培训方式之一。这种类型的培训形式,重点由工作经验比较丰富的部门经理、业务主管及同事的定期或不定期业务指导。选择在岗培训的最大优势之一是,如果工作所需的材料和设备难以搬到教室,这种方式就尤为合适。另外,当培训内容简单且不需要正式的课堂学习时,也常常采用这种方式进行培训。

为了让在岗培训的效果更为显著,可以按照以下步骤进行操作:

首先,需要解释工作程序,包括为什么需要这项特定工作或程序、它如何影响其他工作,以及若出现错误可能导致的后果。这一步骤的目的在于让员工在具体工作前对整个流程有所了解。

其次,给员工演示整个过程。如果是一项具体的任务,比如接电话、使用传真机或者复印文件,演示时需要慢慢展示,尽量让员工记住每一个操作步骤。

演示结束后,鼓励员工提出问题。根据问题有针对性地重新进行演示,并鼓励员工深入提问。

最后,让员工亲自动手实践。让员工解释他们在做什么以及为什么要这样做,以确保员工真正理解了工作过程。

持续观察员工的工作,并提供反馈意见,直至培训者和受培训者都对操作过程满意为止。让员工清楚地了解到自己在哪些方面取得进步,在哪些方面做得不错,并给予充分时间练习,直到员工有信心能够独立完成工作而无须再指导。培训要教会员工在整个过程中检查自己的工作质量,让他们到对提高工作质量负起责任。

在岗培训将学习与实践直接结合起来,受培训者能够在工作中学习并应用,无须像传统教室培训那样需要额外的场地和设备,这能够节约培训经费。同时,受培训者能够快速获得工作表现的反馈,从而提高学习效果。

(3)离岗培训

在员工培训的多样化形式中,离岗培训占据着重要的地位。离岗培训是指员工暂时离开实际工作岗位,前往专门机构或企业内部,通过学习获取必要的知识和工作技能。其中,外派培训作为离岗培训的一种显著形式,涵盖了员工接受企业委派,在规定时间内离开工作岗位,参与各类培训项目,这些项目可能在国内外的不同机构举行。当然,离岗培训也可以在企业内部进行,以适应不同的培训需求。

离岗培训通常聚焦于企业的战略、核心业务、关键能力以及员工绩效改善所必需的关键知识技能。此外,它还覆盖了对企业运营产生重要影响的其他方面,如经理人员培训、核心业务培训,以及通用知识与技能培训等。通过这种专项培训,员工能够更好地适应企业发展的需要,提升综合素质,为企业的长远发展贡献力量。

经理人员培训以部门经理、业务主管、项目经理和子公司经理为培训对象;核心业务培训是指围绕与企业战略、核心业务紧密相关的关键知识和核心能力开展的培训;通用知识与技能培训是指为使员工改善绩效、提高效率、转变观念所进行的基础知识和基本技能的培训,包括外语、计算机网络知识与技能、公文处理、表达与展示技巧、人际沟通技能、职业发展与规划、时间管理、团队工作技能、压力、冲突与矛盾处理技能以及其他必要的内容。

(4)员工业余自学

在企业发展的蓬勃背景下,员工业余自学成为一项备受推崇的实践。主要指员工在闲暇时段自发参与的、自行承担费用的学历教育、进修、职业资格或技术等级考试及培训活动。企业通常对员工业余学习的费用持一定的支持态度,尤其是当学习内容与企业相关时。这一支持举措不仅体现了企业对员工个人成长的关注,更彰显了企业在培养专业技能和知识储备方面的积极投入。

员工业余自学既有助于员工个人职业素养的提升,同时为企业注入了更为丰富的人才资源。这种学习方式不仅是一种个体意愿的实践,更是构建学习型组织的有效途径。企业通过给予一定比例的费用支持,激发了员工的学习积极性,使得员工在专业领域保持竞争力的同时,也更有可能将所获知识和技能运用于实际工作中。

在这一框架下,员工的业余自学不仅成为促进个体职业发展的途径,更为企业引领行业发展提供了人才支持。这种共赢的学习文化不仅有益于员工的个人发展,也为企业构建更具竞争力的团队和业务模式奠定了坚实的基础。

(三)员工培训的意义

1. 有利于实现组织的发展目标

随着市场经济的不断发展,市场竞争的激烈程度越来越高,知识技能也在不断地更新,市场情况一直在发生变化。任何组织都必须正视这一事实,运用现代科学技术成果,把握市场机遇,谋求组织的生存和发展。比如,企业打算开发一种新产品,需要利用到新工艺,促进产品市场的不断开拓,促进成本的不断降低,促进经营效率的不断提升,就需要较高素质的员工。想要拥有更多高素质的员工,加强员工的培训是必要的。通过员工培训的过程,可以进一步促进员工素质的提升,当他们能够胜任自己的工作时,才能够保证自身组织的发展目标顺利实现。

2. 有利于实现员工个人的发展目标

每个员工都有自己的发展目标,都希望自己可以掌握更多的全新技能,他们也希望自己可以得到更好的报酬,获得更好的待遇,希望自己能够有晋升的机会。这些目标的实现都需要借助培训的过程。通过培训过程的顺利开展,可以直接或者间接地满足不同员工的各种愿望,可以促进员工个人发展目标的顺利实现。

3. 作为普通学校教育的补充和延续

普通学校对学生的教育,主要是基础教育,包括基础性的专业知识与技能的教育。当学生进入企业,成为工作岗位上的员工,他们必然面临如何适应新环境、掌握实际工作技能、如何将已有的基础知识运用到实际工作中去等问题。解决这些问题的途径是对员工进行有效的培训。而且,从现代"终身教育"的观点出发,员工培训应贯穿于员工的整个职业生涯。

4. 完善企业文化

通过员工的培训工作,员工也更容易理解企业的文化,更容易接受企业的文化,能够充分了解企业贯彻组织的主要战略意图。通过培训的过程,员工的观念也可以科学的调整,对企业组织的运转是非常有利的,企业和员工也能够有机地融合在一起,可以实现共同的生存和发展。

二、培训需求分析

(一)培训需求分析的目的

培训需求分析在企业培训体系中扮演着至关重要的角色,本身具有非常强的指导性,可以进一步促进目标的确立,可以科学地设计培训计划,保证培训过程的顺利实施。培训需求分析也是现代培训活动开展过程中首要的环节,可以顺利实现培训的评估。

1. 差距识别与目标确立的有机结合

培训需求分析的过程中,首先要保证的就是明确存在什么样的差距,通过对培训对象的实际情况和理想情况之间的差距的确定,明确培训需要达到什么样的目标,需要朝着哪个方向培训。所涉及的环节重点包括三个不同的方面,一是科学确定培训对象自身知识、技能以及能力的主要水平;二是建立理想的知识、技能和能力方面的相关标准和主要的模型,三是对于培训对象的理想和实际水平进行详细的对比分析,从而实现更加精准的培训目标。

2. 多元化问题解决方法的全面考量

培训需求分析的过程,可以为问题的解决提供更多的解决途径。这些方法包括的内容比较多,较为常见的就是培训手段,当然也包括一些和培训没有直接关系的途径等。企业面临的问题是非常多的,最好在实践过程中,通过有机结合不同类型的解决问题的方法,促进更加丰富的培训策略的制定。

3. 前瞻性预测分析迅速应对变革的能力

企业的发展也是处于动态的变化之中的,所涉及的内容比较多,如技术、程序、人员以及各种服务等。而对于培训计划,前期重点就是培训需求分析,培训需求分析应该具有相对较强的前瞻性,具有较强的预测分析能力,从而能够更好地适应各种类型的变革,促进更加完善的培训计划的制订。

4. 培训成本的有效预算与管理

通过对培训需求的科学分析,可以确定解决问题的主要办法,在培训的过程中,成本因素应该纳入分析的范畴中,对培训成本进行科学预算。很多项目内容无法实现数字量化分析,但是需要对长远利益充分地考虑,通过这项工作的开展,可以促进培训效果的进一步提升。

5. 促进企业各方达成共识的信息基础

通过科学的培训需求分析,可以实现各种培训计划的制订,选择更多的培训方式,可以更好地确定培训的主要对象、目标等,也可以进一步地促进企业之间共识的形成,为培训计划的制订和实施提供重要的支持。企业各个部门的员工应该科学分析真实需求,对培训计划给予更多的支持。

(二)培训需求分析的内容

企业的培训需求来源于很多方面的因素。当培训需求分析顺利实现,收集到很多类型的资料,就需要从各个层次、各个角度、各个时间维度加强培训需求的科学分析。

1. 培训需求的层次分析

为了保证需求分析过程的顺利开展,重点考虑三个不同的层次。

首先是战略层次的分析。随着企业的不断变革,员工都希望未来能有更好的发展。培训需求的分析在很大程度上影响着企业现在以及未来的具体情况,也强调对未来进行更加深入的分析。相关的分析过程,应该由人力资源部门去带头,要和企业执行层以及咨询小组开展更加密切的协助。在战略层次分析的过程中,要对不同类型的可能对组织优先权产生影响的因素充分考虑,要科学地预测未来人事可能发生的变动情况,预测人才结构变动可能的发展趋势。同时,也要对员工自身的工作态度和对企业的满意程度。这就可以找到各种影响培训效果的因素,采取更多对培训有利的辅助手段。

其次是组织层次分析。组织层次分析的关注点是企业本身的目标、资源、环境等各种类型的因素,详细地分析企业存在什么样的问题,在组织层次分析的过程中,必须同时重视企业的长期目标和短期目标,研究各种可能对企业目标产生影响的因素。企业的目标对培训的目标会产生直接的影响。如果企业没有非常明确的目标,培训就难以具有更强的标准。培训工作指导方向就会变得更加模糊,缺乏评价的标准。因此对于企业人力资源,加强企业目标的明确是必要的,从而保证制定出的培训规划是可行的。

最后是员工个人层次的分析。员工个人层次分析的过程中,最主要的目的是对员工本身的实际工作绩效和技能之间的差异充分的掌握，这可以有效地指导未来培训效果的评估。在员工实际工作绩效评估的过程中，主要依据就是员工自身的业绩考核记录、员工技能测试的成绩等各种资料。通过对各种数据的统计分析，可以更加准确地了解员工有什么样的培训需求，可以有针对性地制订培训计划，促进培训实效性和员工绩效水平的不断提升。

2. 培训需求的对象分析

(1) 对新员工的培训需求分析

加强新员工的培训需求分析是非常必要的。因为对新员工来说，他们可能不是非常了解企业的文化以及企业制度，对工作岗位比较陌生，难以实现快速地融入企业，难以非常快速地胜任新的工作。因此加强系统地培训是非常必要的。在新员工培训的过程中，使用较多的方法是任务分析法，从而进一步确定员工自身在工作中所需要的各种类型的技能。这种方法有助于确保培训内容切实贴合新员工的实际需求，提升其在工作中的综合素质。

(2) 在职员工培训需求分析

员工培训需求的来源有很多，较为常见的就是一些新技术的利用，现有技能难以满足员工自身的工作需求。要想保证这些需求更好地得到满足，就需要利用绩效分析法，从而实现在职员工培训需求的科学评估。这意味着我们需要深入了解员工的表现和技能状况，以确定哪些方面需要进一步加强和提升。通过有针对性地满足在职员工的培训需求，可以让他们更好地适应不断变化的工作环境，提高整体团队的绩效水平。

3. 培训需求的阶段分析

在培训需求的阶段分析中，我们可以明确两个关键方面：要加强目前培训需要的科学分析；要加强未来培训需求的分析。

(1) 目前培训需求分析

目前培训需求的主要目的是分析企业目前存在的主要问题和不

足,针对性地提出培训要求。该阶段聚焦的关键点是企业自身的生产经营目标,这些目标实现的具体状况,分析企业未完成的一些生产任务,分析企业运行过程中存在的一些问题。通过对各种问题的深入分析,确定培训需求,促进这些问题的合理解决。

这种分析方法有助于确保培训的针对性,直接应对企业当前的挑战和需求。

(2)未来培训需求分析

未来培训需求重点是为了满足企业未来发展的主要需求,有针对性地提出培训要求。在该阶段需要采取更多的前瞻性培训需求分析的方法,重点预期企业未来可能会发生的变化,未来可能存在哪些不足,以此确定未来的培训需求。这样的分析不仅有助于提前规划员工适应未来的工作环境和要求,也能确保企业在快速变化的市场中保持竞争力。通过对未来培训需求的深入了解,企业可以制订长远的培训计划,确保员工具备未来所需的技能和知识。

综合而言,目前培训需求分析和未来培训需求分析相辅相成,共同构建了一个全面而有前瞻性的培训战略,使企业能够应对当下的挑战并为未来的发展做好准备。

(三)培训需求分析的实施程序

1.做好培训前期的准备工作

确保培训活动的成功进行,首先需要在培训开始前做好充分的准备工作。在此过程中,培训者应该科学地收集员工本身的各种资料,这样可以为培训需求调研提供重要的支持,也可以实现员工培训需求变化情况的科学监督,在适当的情况下,需要积极地向高层领导请示,促进培训计划的制订。

首先,要做的是加强员工背景档案的建立。培训部门自身应该建立较为完善的员工背景档案,要对员工的素质,工作的具体变动情况等内容详细记录。

其次,培训工作应该加强自身和其他部门的合作,要进一步加强和不同部门之间人员的联系,培训部门也可以更加及时地了解企业生产经营活动的开展情况,了解人员配置的具体情况,了解企业未来培训活动的变化情况,保证企业所开展的培训活动和企业的实际需求是相互符合的。

最后,如果培训者意识到有必要开展相关的培训,当领导给予认可时,就可以对培训需求展开调查分析。这一调查是确保培训活动顺利展开的重要步骤,需要培训者通过适当的途径获取员工的反馈和需求,以便为后续的培训计划提供有力支持。

2. 制订培训需求调查计划

在制订培训需求调查计划时,必须考虑以下关键要素:

(1) 行动计划

为确保调查工作的有序实施,需要制订详细的行动计划,包括活动的时间进度和需要关注的问题。面对一些关键性的、规模相对较大的需求分析,制订系统性的行动计划是非常必要的。

(2) 调查目标的明确定义

对培训需求调查的目标足够明确是非常关键的。培训需求调查的过程中,最主要的目的是促进某项培训需求的满足,但是会受到很多因素的影响,调查结果也不一定完全正确。因此在制订计划的过程中,要将一切可能产生影响的因素完全排除,进而促进调查结果可信度的有效提升。

(3) 选择适用的调查方法

要详细分析企业的实际情况,分析各种可以利用的资源,选择更加合适的培训需求调查方法。如果工作任务较紧,采取面谈法是不合适的;如果员工本身的技术性相对较强,采取观察法可能不是最适合的。如果是一些大型培训活动,可以综合运用多种方法,如结合问卷调查和个别会谈,以充分发挥各种方法的长处,但也需注意可能增加的成本费用。

(4)明确定义调查内容

在对培训需求调查内容确定的过程中,必须明确需要获取的资料类型,要对调查的具体内容足够明确,在制订调查内容的过程中,不要过于宽泛,避免浪费过多的时间。要从不同的角度开展调查分析,实现全面取证。

3. 实施培训需求调查工作

培训需求调研工作是一个系统性的流程,其中包含多个步骤,必须严格按照计划依次进行,这一流程涵盖了许多方面。

首先,整个过程的开始点就是培训需求建议或者愿望的提出。在该阶段,培训部门一般会向不同的责任人发出相关的通知,让他们根据岗位工作的具体情况,提出一些培训建议或者愿望。

其次,所开展的工作就是需求建议的调查、申报和汇总等工作。在该环节中,人员重点分析企业或者部门的理想需求,分析其和现实需求之间的差距,对不同部门及个人的意见进行收集,对不同类型的建议和愿望进行整理分析,向企业培训组织管理者或者负责人提出相关的报告。

再次,在分析培训需求的过程中,关注两个关键问题至关重要。一是受训员工的现状,了解他们在组织中的地位以及之前接受的培训情况。二是员工在工作中存在的问题,这需要培训者帮助分析并确定问题的根源。还要了解受训员工的期望和真实想法,以确定培训期望和可能影响培训内容的因素。

最后,就是对培训需求意见科学地汇总和确定,根据重要、紧迫的程度,实现培训需求的科学排列,并针对性地制订初步培训计划,制订相应的预算方案,对可收集到的培训资源充分地考虑。

4. 分析与输出培训需求结果

(1)对培训需求调查信息进行分类整理

培训需求调研的信息来源还是较广的,包括的渠道和形式也是非常多。在此过程中,加强收集信息的有序分类是必要的,要详细分析不同培训调查内容的特点,加强信息的科学整合和归档。信息系统统计的过程中,制作一些表格是比较可行的,也可以充分地借助直方图以及分布曲线图等不同的工具,实现信息趋势和分布状况的直观掌握,这对培训需求的后续分析可以提供良好的数据支持。

(2) 对培训需求进行深入分析和总结

要对收集到的各种调查资料详细分析,对其中存在的培训需求重点挖掘。在该过程中,加强对个别需求以及普遍需求、当前需求和未来需求之间关系的重视是必要的。要详细分析业务发展的各项需求,要明确任务本身的紧急情况及重要性等,要加强不同类型需求的合理排序分析。这有助于确保培训计划的制订符合实际需求,使培训资源得以更有效地配置。

(3) 撰写培训需求分析报告

报告应清晰地呈现各类培训需求的关键点和优先级,为制订有针对性的培训计划提供指导。通过严谨的报告撰写,确保培训需求的分析结果能够为组织提供有力的决策支持,促使培训策略更好地满足员工和业务的发展需求。

(四) 培训需求分析模型

1. 循环评估模型

循环培训评估模型最为核心的内容就是实现员工培训需求的连续反馈循环,对培训的需求不断估计。在循环的过程中,要从组织整体层次、作业层面、个人层面等全方位地分析。这种方法不仅能够确保对组织整体发展方向的了解,还能深入了解工作层面的实际需求,以及员工个体层面的学习和发展需求。

循环培训评估模型是一种广泛应用于组织培训管理的方法。它旨在不断评估、改进和调整培训策略,以确保其与组织的发展目标和员工的实际需求保持一致。

在这一模型中,培训的评估是一个连续、反复进行的过程。通过收集和分析组织目前的业务情况、人事变动以及政策和程序的变化等信息,积极的培训者能够预测和掌握组织的培训需求。这不仅包括对组织整体层面的了解,还包括对作业层面和员工个人层面的深入分析。这种综合性的评估有助于发现问题的根本原因,为有针对性的培训提供基础。

相比之下,消极的培训者可能仅仅静待业务上门,或者只进行简单、临时的需求分析。这种被动的方式可能导致培训策略与实际需求脱节,影响培训的有效性。

因此,循环培训评估模型强调了培训的连续性和反馈机制。每一个评估循环都为培训提供了新的认识和机会,使培训策略能够随着组织和员工需求的变化而灵活调整,保持与时俱进。这种模型的运用有助于建立一个适应性强、高效运作的培训体系,更好地满足组织和员工的成长和发展需求。

通过这样的循环评估,培训者可以更全面地了解组织的动态变化,把握不断变化的培训需求。这种连续的反馈机制有助于构建一个灵活而高效的培训体系,使培训策略和计划更贴合实际需求。因此,循环培训评估模型在持续提升组织培训质量和效果方面发挥着关键作用。

2.全面性任务分析模型

在使用全面性任务分析模型时,研究人员或培训专业人员会深入了解组织的运作机制,以确保调查的全面性和系统性。通过对任务和技能的彻底剖析,可以准确地衡量组织成员在执行工作时所需的具体要素。

此模型的核心理念是建立起一个详尽的任务目录,涵盖工作中可能涉及的所有任务,并配以相应的技能目录。这样的全面性分析使得组织能够清晰识别现有技能和知识的不足之处,从而有针对性地制订培训计划。通过消除理想状态与实际状态之间的差距,组织可以提高其成员的综合能力,促进工作效率的提升。

总体而言,全面性任务分析模型为组织提供了一种有力的工具,帮助其理解员工在各种工作开展的过程中需要什么样的技能,这对于科学的培训策略的制订可以提供更加科学的依据。

3.绩效差距分析模型

绩效差距分析模型和策略与全面性任务分析方法是比较类似的,但其着眼点更为专注。该分析方法包含以下环节:

①发现问题阶段。问题很多情况下被看作是理想绩效和实际绩效之间差距反映的重要指标。存在问题的部分,就是需要通过培训去改善的地方。

②预先分析阶段。很多情况下,加强问题的预先分析和直觉判断也是非常关键的。决定采用何种方法和何种工具来收集资料,对于有效解决问题具有决定性的作用。

③需求分析阶段。需求分析阶段的主要任务是实现绩效差距的寻找。从传统意义的角度来说,分析的重点内容就是工作人员本身个体绩效和工作要求之间存在什么样的差距。当环境变化速度不断加快时,需求的范围也会进一步地拓展。因此工作的设计和培训应该处于密切结合的状态,以确保对未来绩效差距的预测与现实需求相符。

这种绩效差距分析模型通过对问题的明确定位和对未来需求的深入分析,为组织提供更为专业、重点的改进方向。通过高效地结合工作设计和培训,这一模型有助于绩效差距问题有系统性、全面性的认识,为有针对性的培训和改进提供有力支持。

4.前瞻性培训需求分析模型

当前技术的快速发展使得企业必须不断展望未来,不仅要紧跟技术前沿,而且要持续领先技术发展,尤其对高科技行业而言更为迫切。加强知识型员工前瞻性培训是非常必要的,即使员工非常优秀,工作表现非常好，也需要培训。因为企业自身的经营环境、战略目标以及生命周期都在不断地发生变化，员工在组织中成长的需求也会发生一定的改变，在未来适应性培训需求也会进一步产生。

第五节　培训方式及其选择

有多种培训方法可供选择，每种方法都有其独特的特点、优劣之处。在实际工作环境中，为了有效地满足公司的培训需求，需要考虑公司的实际情况、培训内容，以及受训者的特点等多方面因素，以便明智地选择和应用适当的培训方式。我们将根据培训的传授方式来划分培训方法，主要介绍直接传授式培训和参与式培训。除此之外，还会探讨一些新兴的培训方式，比如网络培训等，以提供更多样化的培训选择。

一、直接传授式培训法

直接传授式培训法是指培训者通过讲解、指导等途径直接向培训对象传授知识的方法。这种方法本质上属于信息交流的单向性培训，培训对象处于被动的状态。尽管这种方法比较传统，但其作用还是不容忽视的。

（一）课堂教学法

课堂教学法就是通常所说的讲座和主题演讲，它在传统的教育系统中最为常见。大多数企业也采用这种形式对员工展开培训。比如，国外著名的麦当劳汉堡大学和摩托罗拉大学等企业大学，配备了专门的教学资源，并且聘请了专职教师任教。大部分企业虽然没有自己的企业大学，却有自己的培训中心，在这些中心里，内训师或从外部聘请的教师仍大多采用课堂教学这种最基本的培训方式。

课堂教学法具有一系列优点，其中之一是其传授的内容较为丰富，有助于广泛培养人才。通过这种方式，能够有效地传授大量知识,为学员提供系统和全面的学科培训。此外,采用课堂教学法的培训通常具有较低的培训费用,且对培训环境的要求不高,从而更广泛地为学员提供了参与学习的机会。在这种教学环境中,学员之间沟通方便,也能够便捷地向教师请教疑难问题,促进学习过程的互动性。

然而,课堂教学法也存在一些局限。首先,由于传授内容较多,学员可能面临消化和吸收知识的较大压力。其次,这种单向传授的方式可能不利于教学双方的互动,使得学员参与度较低。教师面向整个班级讲课,难以顾及每个学员的个体差异,可能影响培训效果。最后,教师的水平直接关系到培训的质量,而传授方式相对较为枯燥和单一,可能使得学员在学习过程中感到缺乏足够的吸引力。

因此,尽管课堂教学法在传授知识方面具有一定优势,但在促进互动、顾及个体差异等方面仍存在一些弊端,需要综合考虑不同教学方法以增强培训效果。

(二)专题讲座法

专题讲座法相比课堂教学方法,存在很多的相似点,一般情况下都是教师向学员传递不同的信息,但是所传递的内容存在着一定的差异,后者重点讲述的是系统化的知识,课程开展重点为围绕单个的课题所展开,需要连续开展多次授课。而对于前者,重点就是集中于单个的专题知识,每一场讲座都相当于一次培训。专题讲座法对管理人员以及技术人员是非常实用的,可以帮助他们更好地掌握技术发展的主要方向,了解目前非常热点的一些问题。

专题讲座法的优点有:

①培训形式灵活,适应性强。

②可以更好地满足员工在特定方面的主要培训需求。

③讲授内容比较集中,重点就是单一专题,培训内容对象非常容易掌握。

然而,相较于课堂教学法,讲座也存在不可避免的缺陷。由于时间和内容容量的限制,它不太有利于进行系统知识的全面传授。

(三)个别指导法

个别指导法类似于我国传统的"学徒方式",在当今我国的职业培训体系中,许多企业仍然采用这种以师徒关系为核心的培训模式。这一方法的主要特点是通过具有丰富经验的资深员工的个别指导,让新员工迅速掌握相关岗位的关键技能。

个别指导法的优点:

①迅速掌握工作技能。新员工有机会在资深员工的指导下,更快速地掌握所需的工作技能。

②传递优良工作作风。通过与经验丰富的师傅共事,有助于传递和培养组织内的优良工作作风。

③加速融入团队。个别指导促使新员工更快速地融入团队,建立起与同事之间更加紧密的合作关系。

个别指导法的缺点:

①经验保留可能。指导者可能有意识地保留自身的经验和技术诀窍,导致指导流于形式,新员工难以获得全面的知识传递。

②指导者影响因素。指导者的工作能力和指导方式直接影响新员工的学习效果,不同的指导者可能带来不同的培训质量。

③不良态度影响。指导者的不良工作态度和工作习惯可能会对新员工的工作积极性产生负面影响,影响培训效果。

④创新受限。由于过于依赖经验传承,个别指导法有可能限制新员工的创新能力,使其难以在工作中展现出独立思考和创造性解决问题的能力。

在采用个别指导法时,企业需要注意平衡经验传承和鼓励创新的关系,以确保新员工在快速掌握技能的同时,也能够培养出独立思考和创新的能力。

(四)影视法

影视法就是运用电影、电视、投影或录像等手段向员工演示一些操作过程，或进行组织成长、重大事件的回顾与宣讲。

影视法的优点在于形象生动，但如果缺乏现场讲解，效果也会受到很大影响，而且这种方法比较单一，不利于员工长时间集中注意力。

一般情况下，如果单纯依赖电影等各种影视设备，并不能够获得良好的培训效果。为了增强培训效果，保证培训具有更强的趣味性和生动性，这种方式应该成为其他类型培训的辅助培训方式。

二、参与式培训法

参与式培训法是一种能够激发培训对象积极性的教学方法，使其在与培训者互动中进行学习。这种方法的核心在于培训对象的主动参与，通过亲身实践来获取知识、技能。在参与式培训中，有几种具体的形式。

(一)角色扮演法

角色扮演法是让一组人或某个人置身于特定情境中，扮演着负责的角色，对实际的工作环境进行模拟，这样的练习能够保证各种事务在实际工作开展过程中可以得到良好的处理，进一步提升自身解决不同类型问题的能力。这种方法经常被运用于培训销售人员的销售技巧以及管理人员的领导能力。

这种教学法的核心思想是通过模拟扮演不同角色，以动作和行为的方式训练和发展员工的技能。角色扮演法有着显著的优点：

①可以促进培训学院参与度的提高，可以和教师之间实现良好的互动和交流，学员参与培训的热情和积极性也将进一步提升。

②通过特定的环境模拟和主题设定，可以促进实践效果的不断增强，使学员更加贴近实际情境，在模拟中学习和应用所需技能，进而提高工作表现。

③会让其他学员对扮演行为详细地观察，学员之间可以彼此学习。

④在模拟后，科学地指导让学员们及时地认识自己存在的不足，

并采取改善方案。

⑤可以进一步地促进学员自身反应能力的有效提升,促进心理素质的不断增强。

角色扮演法的缺点:

①控制过程比较困难。

②模拟的环境代表不了真实工作环境的多变性。

我们在实施角色扮演法时,要注意一些问题:

①培训师要为角色扮演准备好材料以及一些必要的场景工具。

②扮演目的要明确。

③扮演前的角色描述应该详细。

④及时阻止走向错误方向的扮演。

⑤扮演结束后要进行必要的讨论和总结。

(二)头脑风暴法

头脑风暴法,又被称为"研讨会法"或"脑力激荡法",是一种富有创意的集体思考方式。在这个方法中,首先,确定一个主题,明确需要解决的问题,例如"如何扭转公司产品受到消费者抵制的不利局面"这样一个具体而明确的挑战。其次,参与者聚集在一起,自由地提出解决问题的各种建议或方案,这个过程中,无论是组织者还是参与者,都是不允许对他人的提议以及方案进行评议。再次,对参与者所提出的建议或方案进行收集,并将其科学汇总,向全体参与者提交。在该阶段,如果有些方案重复,或者方案不是非常合理,就必须剔除,留下一系列可行的方案。最后,全体参与者对这些方案逐一评价,选出最优方案。

头脑风暴法本身是非常独特的,通过这种培训活动的开展,可以促进培训对象之间各种启迪思想的、创造性思维机会的激发。通过这种方案的利用,促进不同参与者创造力的不断发挥,为各种问题的解决提供更加优质的方案。为了获得良好的效果,关键在于让参与者拓展思路,同时消除心理压力,使每个人都能畅所欲言。

头脑风暴法的优点显而易见：

①在开展培训的过程中，可以为企业各种实际问题提供解决方案，可以促进培训实际收益的有效提升。

②可以帮助学员们科学解决实际工作过程中遇到的困难。

③可以促进学员培训过程中，参与性的有效提高。

④借助小组讨论的过程，学员对问题的理解程度会进一步地加深。

⑤可以实现集体智慧的充分利用，相互之间可以彼此启发。

当然，头脑风暴法也有一些缺点需要注意：

①对培训师提出了很高的要求，如果在引导讨论方面不是非常擅长，可能导致很多问题无法集中解决。

②培训师在此过程中所扮演的角色应该是引导角色，讲授的时间应该比较少。

③培训对象的水平也会影响解决研究主题能否成功。

④主题选择的过程中，本身存在着较强的挑战性，并不是任何主题都适合开展讨论的。

(三)模拟训练法

与角色扮演法相似，模拟训练法在培训方法上有其独特之处。这一方法更专注于培养操作技能和反应敏捷性，通过将参与者置于仿真的实际工作环境中，使其反复进行操作，解决工作中可能出现的各类问题，从而为参与者未来的实际工作岗位提供坚实的基础。模拟训练法尤其适用于那些对操作技能要求较高的员工，比如飞行员、井台工人等。

近年来，计算机辅助系统在模拟训练法中发挥了越来越重要的作用。在国外，许多逼真的模拟性游戏已经被开发出来，这些游戏提供了仿真的"工作环境"，供模拟训练使用。以市政下水道工程为例，这涉及土地征收、预算经费、都市未来规划、土质测量、已有的地下水电管路工程设计及环保等多个方面。通过设计类似的多角色游戏，将培训对象分为两到三组，给予每组相同的假设资源和任务，使每组成员根据他们的规划结果进行成本效益分析，以评估哪一组最接近最初设定的结果。

模拟训练法的优点：

①学员在培训中能够显著提高工作技能。

②通过培训，有助于增强员工的竞争意识。

③能够激发培训中的学习氛围。

模拟法训练法的缺点：

①模拟情境的过程中，需要较长的准备时间，模拟情境也应该具有很高的质量。

②对组织者提出了较高的要求，要对培训中的不同技能足够的熟悉。

综合而言，模拟训练法通过真实的场景模拟，为学员提供了更接近实际工作的学习体验。尽管存在一些挑战，如准备时间较长和对组织者要求较高等，但通过合理的规划和有效的技术支持，这些问题是可以克服的。模拟训练法的优势在于其强调实践性，有助于学员更好地应对实际工作中的复杂情境，提高其在职场中的综合素养。

三、信息时代的培训方式

（一）在线培训

在线培训，重点是借助不同类型的网络课程完成学员培训的过程。在线培训的过程中，在培训网站上储存培训课程，不同地区的学员都可以利用网络浏览器，在网站接受各种培训。

相较于传统的面对面培训，在线培训具有以下优势：

①无须将学员集中到一起，大大降低了培训费用。

②在线培训中，培训内容修改起来非常简单。在修改的过程中，也不需要去借助不同类型的教材或者各种教学工具，成本还是较低的，可以实现培训内容的科学更新。

③在线培训的过程中,也可以实现网络上不同类型声音、图片以及其他多媒体资源的科学利用。

④在线培训可以增加课堂教学的趣味性,从而提高学员的学习效率。

⑤在线培训的进度安排相对较为灵活,学员能够更好地安排自己的时间,展开个性化学习。

然而,在线培训也存在一些缺点:

①实施在线培训的过程中,拥有良好的网络培训系统是非常必要的,在此过程中,需要很多的培训资金。而对于中小企业,会在一定程度上受到资金的限制,难以实现有关培训设备和技术的购买。

②在线培训方式并不适用于有些培训内容,因为有些课程可能需要实际操作或面对面交流,而这在虚拟环境中难以完全实现。

进行在线培训的企业还应该注意以下一些问题:

①在线培训内容的设计应简洁、明了,易于学员查找和阅读。

②培训信息的呈现方式应该尽量多媒体化,不要使用单纯的文本形式。

③要确保网络的通畅。

④确保每个学员都掌握了关于网络操作的基本知识。

⑤在线培训不能完全代替课堂培训。

⑥在进行在线培训的同时,不能忽视人际关系的培养。

(二)虚拟培训

虚拟培训的过程中,要利用不同类型的虚拟现实技术、综合高性能的计算机硬件,以及不同类型的先进传感器,从而实现人工虚拟环境的创造。在该环境中,开展培训的学员可以实现各种设备的充分利用,实现感官的刺激,也可以利用不同类型的交互设备(如头盔、数据手套和刚性外骨架衣服等)来操控虚拟世界,以提高培训对象的技能水平或促使其学到新知识。

虚拟培训的优势很多,本身具有较强的仿真性、超时空性、自主性和安全性。在开展虚拟培训的过程中,学员们操作的各种设备和真实设备是一致的。甚至在理想的虚拟环境中,学员可能难以分辨虚拟与真实。这种虚拟环境本身具有超越时空的独特性,可以实现不同时间、不同世界的有机综合。培训的过程中,学员们也可以对虚拟培训场地或者设施自主选择,借助重复过程,实现培训效果的不断增强。通过虚拟环境的设置,也可以让学员们避免受到真实培训环境潜在风险的主要影响。

四、培训方法的选择

从不同的角度可以将培训内容划分为很多类型,不同类型的培训内容适宜不同的方法。从所要达到的学习目标这一角度,可以将培训内容分为三类:

首先是记忆类培训。其焦点主要在于获取信息,了解事物的本质以及当前情况的描述。这一类培训致力于让学习者明白"是什么",并了解当前的状况,为知识的牢固记忆打下基础。

其次是理解类培训。这不仅要求学习者知道"是什么",还需要深入了解"为什么"。这种培训注重对某一现象或理论存在的原因进行深入探讨,旨在提高学习者的应变能力和适应能力,使其具备更深层次的理解和分析能力。

最后是行为类培训。这属于更高层次的培训形式。在这一类培训中,学习者不仅需要了解"是什么"和"为什么",还需要学会"怎么做"。这种强调培训对象的实际动手操作能力,旨在培养实际应用技能,使学习者能够将理论知识转化为实际行动,并具备实际问题解决的能力。

通过这三个层次的培训,我们能够全面促进学习者的综合能力发展,从获取信息到深刻理解再到实际应用,形成一个系统性的学习框架。

从学习的内容来划分,可以将培训划分为五个层次:

①知识层培训。知识层培训要求培训对象学会运用知识进行脑

力劳动,如根据市场数据分析企业的营销策略。

②技能层培训。技能层培训实际上是锻炼培训对象的体质能力和心理能力,如协调动作技能、驾驶技能、点钞技能,以及沟通和交流技能等。

③思维层培训。思维层培训是改变大脑思维习惯的一种培训,强调从新角度分析问题。

④观念层培训。观念层培训能使培训者持有的与外界不相适应的观念得到改变,使他们能够及时适应社会环境的快速变化。

⑤心理层培训。心理层培训的目的在于开发人的潜能,强调对培训对象进行心理上的调整。

对特定的企业来说,在选择培训方法时,既要清楚具体培训内容的类型和特点,同时要了解对于本企业可行的培训方式有哪些,这些方法各有什么优缺点,即要回答如下三个问题:

①员工需要学习哪些知识和技能?

②员工对这些知识和技能的学习需要达到何种水平?

③就这些知识与技能需求而言,哪些培训方式为最佳?

五、培训的具体实施

培训的具体实施应该按照事先制订的培训计划来执行。一般来说,培训计划通常包括培训目标的确定、培训方式的设计和选择、培训课程和培训师资的确定、培训对象的选择、培训进度的设计和培训经费的预算。好的培训计划可以为员工培训提供明确的方向和操作指南,使培训工作有条不紊地开展。具体说来,培训的具体实施包括以下一些步骤:

(一)确定培训师

要想培训一名合格的培训师,所需的成本还是很高的。培训师是否合格对培训效果产生的影响是很大的。优秀的培训师应该具有扎实的理论知识,自身的实践经验也应该非常丰富,还要有一定的教学技巧和教学热情。

(二)确定教材和教学大纲

一般由人力资源部和培训师来协商确定教材。当企业外部没有适合的培训教材时,人力资源部可组织内部业务骨干和培训师一起开发适合本企业的培训材料。教学大纲确定了培训的目标和课程的性质,需要掌握的知识和技能的范围及深度,以及具体的教学进度。

(三)确定培训地点

培训环境的好坏对于培训效果有着较大的影响,因此必须科学地确定培训地点。

(四)准备好培训设备

为了保证培训需求的顺利,必须提前准备好需要的不同类型的设备和器材。较为常见的就是投影、幻灯机、白板及录像设备等。如果需要模拟真实环境,那么要事先准备环境搭建、调试。

(五)选择培训时间

培训时间的选择要结合培训内容的难易程度和实际生产单位所能提供的时间综合考虑。在确定时间长度后,人力资源部门还需要和业务部门沟通,确定具体的培训时间。

(六)及时通知培训对象

人力资源部需要把培训安排及时通知到各个业务部门的主管和具体参加培训的人员,并对参加培训的人员进行培训动员,详细说明培训的各项具体要求。

(七)实施培训

在各项准备活动安排完毕后,培训就可以如期开始实施了。人力资源部要协助培训师对培训的整个过程进行管理,对员工在培训过程中提出的各项困难和意见反馈予以及时记录和解决。在培训结束后,人力资源部要对培训师、参训人员进行及时评估和反馈。

第六节　员工培训项目效果评估

一、培训效果评估的概念与原则

培训效果评估是对培训进行综合评价的过程,其核心在于基于培训目标对培训对象和培训活动进行价值判断。值得注意的是,在某些培训中,评估并非仅限于培训活动的最后阶段,而可能贯穿整个培训过程。培训效果评估重点反映为整个培训活动实施效果的科学评价,评估的结果可以为未来培训阶段的改善提供重要的依据,也可以使企业更加科学地选择和调整不同类型的培训活动。

为了保证培训效果的科学评估,需要遵循以下原则:

①要保证评估贯穿于整个培训的过程。培训效果的评估一方面需要实现反馈信息收集和培训结果的衡量;另一方面也需要在整个培训过程中,科学评估,保证培训目标顺利完成,将培训计划的制订作为出发点,一直到培训过程结束,贯穿整个培训过程的评估才能全面监督和促进培训的有效进行。

②有序联动与实践转化力。培训效果评估的过程中,也应该高度重视和其他人力资源业务板块的有序联动,保证培训效果具有更强的实践转化力。详细分析培训战略,并科学地确定评价策略的重点内容,为评估的有序进行提供积极的引导。

③要对评估目标的方法科学地选择。依据评估目标,选择合适的评估方法,确保评估的准确性和有效性。

④建立评估文化。培训管理者要对培训评估的各个环节全面负责,学员应该负责培训成果,不同级别的管理者应该在培训过程的不同阶段积极参与,从而保证评估过程科学进行。通过建立积极的评估文化,能够强化对培训效果的监督和管理,推动组织中培训的高效运作。

二、培训效果评估的开展

(一)确定评估标准

一般来说,评估标准的确定需要考虑以下几个方面:

1.培训的目标

是否达到培训的目标以及培训目标完成的程度如何?

2.成本

培训方案所付出的代价如何?是否值得?

3.效率

是否以最有效的方法达到了目的(主要是评估所采用的培训方法是否符合最经济的原则)?

4.资源利用

用于培训的资源是否得到了最佳分配?

(二)确定评估方法

培训效果的评估过程是一个信息收集的过程,如何能够收集到相关的数据,以便为决策者提供所需的事实和判断依据是评估过程中面临的主要问题。培训效果的评估可以利用的方法很多,较为常见的是访谈法、问卷调查法、直接观察法、测验法、模拟法及档案记录分析法等。

(三)培训效果的层次分析

关于培训效果的测定问题,不少学者对其进行了研究,美国著名学者柯克帕特里克教授提出的四层次框架体系就是其中一种,该体系认为培训效果的评估可以从以下四个层次来分析:

1.反应层次

这一层次评估了受训者对培训的反应。通常通过问卷调查法来确定受训者的反馈和看法。这种方法有助于了解他们对培训内容、方式以及培训环境的感受,从而衡量培训方案的接受程度和效果。

2. 学习层次

在学习层次评估中,重点考察的是受训者接受培训前和接受培训后相互对比,在知识方面是否学到了预期的知识以及技能;在态度方面,是否得到了良好的改善。为了实现该层次的测定,可以采取多种方法,较为常见的就是书面测试、实际操作考核、情景模拟等方法。这些评估方法有助于确定培训的实际成效和学习效果,以及个体在培训过程中的变化。

3. 行为层次

行为层次评估重点反映的是培训学员在接受相应的培训之后,行为习性是否产生了一些改变,并详细分析其变化和培训活动之间具有哪些关联性。该层次评估的过程中,相关人员需要对受训者的业绩进行科学的评估。这有助于确定培训对实际工作行为和绩效的影响程度。

4. 结果层次

结果层次评估重点反映了培训过程的开展对个人的绩效会产生什么影响,对整个组织绩效会产生什么样的影响,详细分析绩效的变化和企业培训活动之间具有哪些关联。通过该层次的评估,可以实现企业投资回报、绩效考核结果等不同指标的科学审视,以便全面评估培训活动的效果和对组织绩效的贡献。

第六章 中小企业数据管理

第一节 基本概念

一、数据

长期以来,对数据的定义主要强调其在反映客观事实方面的作用。在新信息技术中,数据也被理解为以数字形式存储的信息。但今天人们可以获得如此之多的信息,与这些早期不可能被称为"数据"的数据,如姓名、地址、生日、周六晚餐吃的东西、最近买的书等有关。诸如此类的个人事实信息可以被汇总、分析并用于营利,以及改善健康或影响公众政策等。此外,技术可以测量各种事件和活动,可以收集、存储并分析从前不被视为数据的各种事物的电子版本,这超越了人们将这些数据合成为可用信息的能力。若要利用各种数据而不被其容量和增长速度所压倒,需要可靠的、可扩展的数据管理实践。

一般而言,从大多数人的观点来看,数据的重点是为了实现事实的客观表达,主要是对现实世界特定情况的最为真实的反映。但是在此过程中,要清晰地认识到对一般的"事实"的认识并不是非常简单的。数据本身仅仅是一种表达方式,并不是事物的本身,其反映的也是自身之外的各种客观的实体,从该层面来分析,数据很大程度上属于所代表现象的具体解释,也是一个需要被解释的对象。

这就引出了一个重要观点,即数据的意义是相对的,并且需要一定的语境或上下文来赋予其实际含义。语境在此过程中,可以看作是数据的主要表达系统,其中包括各种类型的公共词汇,也包括不同组件之间的相互关系。因此必须充分地了解该系统的主要约定,这样才能够保证其中的数据得到更加正确的解释。而对于这种约定以及关系,重点是以特殊的数据类型来反映,即元数据的形式进行记录。

元数据是对数据本身的描述,是一种记录了数据属性、来源、格式等信息的数据。通过元数据,我们可以更深入地理解数据的背后含义,并且在数据分析和解释过程中更具有指导性。因此,数据并非简单地陈述事实,而是在一定的语境和元数据支持下才能够得以有意义地解读和利用。这对于在日常决策和分析中正确理解和运用数据起至关重要的作用。

可是,由于人们经常在表达概念时会做出不同选择,他们创造了表示相同概念的不同方式。从这些不同的选择中,数据呈现不同的形态,参考人们对日期数据的多种表示方法就可以理解,因此对这个概念要有约定好的定义。现在考虑一些更复杂的概念,其中需要表示内容的颗粒度和详细程度并不总是显而易见的,表示过程也会变得更加复杂。随着时间的推移,管理这些信息的过程也会变得更加复杂。

在一个企业中,也常有同一概念的多种表示方法。因此,需要对数据架构、建模、治理、管理制度以及元数据和数据质量进行管理,所有这些都有助于人们理解和使用数据。当数据跨越多个企业时,各种各样的问题会成倍增加。因此,需要行业级的数据标准,以提高数据的一致性。

企业总是需要管理其数据,但技术变化扩展了管理的需求范围,因为它们改变了人们对数据是什么的理解。这些变化让企业能以新方法使用数据创造产品、创造知识、分享信息并提高企业的成功概率。随着技术的迅速发展，以及人类产生、获取和挖掘有意义数据能力的提升，有效加强数据管理变得十分必要。

二、数据和信息

关于数据和信息的描述早已汗牛充栋。数据被称为"信息的原材料"，而信息也被称为"在上下文语境中的数据"。通常，金字塔模型用于分层描述位于底层的数据、信息、知识与位于顶层的智慧之间的关系。虽然金字塔模型有助于描述数据需要良好管理的原因，但这种表现方式为数据管理带来了几点异议。

第一，基于数据是简单存在的假设。但数据并不是简单存在，而是要被创造出来的。

第二，人们将数据描述为一个自下而上的逐级序列，但未认识到创建数据首先需要知识。

第三，金字塔模型意味着数据和信息是分开的，但事实上这两个概念是相互交织并相互依赖的。数据是信息的一种形式，信息也是数据的一种形式。

企业内部在数据和信息之间画一条线，可能有助于清晰地了解不同利益相关方对不同用途的需求和期望。如成果基于数据仓库中的数据。而下一季度，这些结果将用于生成季度绩效指标。为不同的目的准备数据和信息，将使数据管理形成一个核心原则，数据和信息都需要被管理。如果将两者的使用和客户的需求结合在一起进行管理，则两者会具有更高的质量。

三、数据是一种企业资产

资产是一种经济资源，能被拥有或控制、持有或产生价值。资产可以转化为货币。尽管将数据作为资产进行管理的理解仍在不断发展,但数据已被广泛认为是一种企业资产。20世纪90年代初,一些企业认为商誉的价值是否应该被赋予货币价值是值得怀疑的,而现在,"商誉价值"通常显示为损益表上的一个项目。同样,虽然数据的资产化还没有得到普遍认可,但越来越常见,不久的将来会被看作损益表上的一个特征。

如今的企业依靠数据资产作出更高效的决定,并拥有更高效的运营。企业运用数据去理解它们的客户,提供新的产品和服务,并通过削减成本和控制风险的手段来提高运营效率。政府代理机构、教育机构以及非营利企业也需要高质量的数据指导它们的运营和战略活动。随着大量企业越来越依赖数据,可以更清楚地看到数据资产的价值。

许多企业把自己定义为"数据驱动"型企业。想要保持竞争力的企业必须停止基于直觉或感觉作出决策,而要使用事件触发和应用分析来获得可操作的洞察力。数据驱动包括认识到必须通过业务领导和技术专业知识的合作关系,以专业的规则去高效地管理数据。

此外,当今的业务发展速度意味着变革不再是可选项,数字化转型已经成为共识。为了做出反应,业务部门必须与技术数据专业人员共同创建信息解决方案,并与相应的业务团队一起工作。他们必须计划如何获取并管理那些用来支持业务战略的数据。

四、数据管理原则

数据管理和其他形式的资产管理具有共同的特性。它涉及企业拥有什么数据以及可以用它完成什么,然后确定利用数据资产来实现企业目标的最佳方式。同其他管理流程一样,数据管理也必须平衡战略和运营需求。这种平衡最好是遵循一套原则,即根据数据管理的特征来指导数据管理实践。

(一)数据是有独特属性的资产

数据是一种资产,但相比其他资产,其在管理方式的某些方面有

第六章 中小企业数据管理

很大差异。对比金融和实物资产,数据资产最明显的特点是在使用过程中不会产生消耗。

(二)数据的价值可以用经济术语表示

将数据称为资产意味着它有价值。虽然有技术手段可以测量数据的数量和质量,但还未有标准能衡量其价值。想要对其数据作出更好决策的企业,应该开发一致的方法来量化该价值。它们还应该衡量低质量数据的成本和高质量数据的好处。

(三)对数据进行管理的重要

确保数据的质量。数据管理的首要目标是确保数据符合应用的要求。在质量管理方面,企业需要深入了解利益相关方对数据质量的具体要求,并根据这些要求来度量数据的质量,以确保其在应用中的有效性。

(四)元数据是管理数据不可或缺的组成部分

任何资产的管理都始于对该资产的数据的了解。被用于管理和使用的数据通常被称为元数据。由于数据本身无法触及或感知,理解数据的本质以及如何有效使用它,必须通过定义元数据的形式来实现。元数据源于数据创建、处理和使用等一系列流程,其中包括架构、建模、管理、治理、数据质量管理、系统开发、IT和业务运营以及分析等多个方面。

(五)数据管理需要考虑复杂的技术和业务流程

由于数据在多个地方生成,并在使用时需要在不同的存储位置之间流动,因此需要进行协调工作,以确保最终结果的一致性。从架构和流程的角度进行规划对于维护数据的完整性和有效性至关重要。

(六)数据管理与信息技术决策密切相关

确保技术服务于企业而不是主导企业的战略数据是管理数据的一项关键任务。在管理数据的同时,必须采用一种方法,以确保技术的使用与企业的战略目标一致。

(七)数据管理是一个跨职能的工作

需要多方面的技能和专业知识。由于单个团队难以管理企业的全部数据,因此数据管理需要结合技术能力、非技术能力以及协作能力,以有效地协同工作并实现数据管理的全面性。

(八)数据管理需要企业级视角

数据管理存在很多专用的应用程序,它必须能够有效地被应用于整个企业。这也是数据管理和数据治理交织在一起的原因之一。

(九)数据管理需要多角度思考

数据是流动的,数据管理必须不断发展演进,以跟上数据创建的方式、应用的方式和消费者的变化。

(十)全生命周期数据管理

数据管理需要全生命周期的管理,不同类型数据有不同的生命周期特征,数据具有生命周期,因此数据管理必须贯穿其整个生命周期。由于数据在生命周期内会不断生成新的数据,因此数据生命周期本身可能相当复杂。在进行数据管理实践时,必须全面考虑数据的整个生命周期。不同类型的数据具有不同的生命周期特征,因此它们也有各自不同的管理需求。数据管理实践必须根据这些差异保持足够的灵活性,以满足不同类型数据的生命周期需求。

(十一)融入数据风险的数据管理

数据不仅仅是一种企业资产,还代表着潜在的风险。数据可能会遭受意外丢失、被盗取或被误用等情况,因此企业在使用数据时必须深思熟虑其影响和潜在风险。数据相关的风险必须纳入整个数据生命周期的管理之中。通过将数据管理与风险管理相结合,企业能够更全面、系统地把握数据的价值和潜在风险,从而更好地保护和利用数据。

(十二)有效的数据管理需要领导层承担责任

数据管理涉及一些复杂的过程,需要协调、协作和承诺。为了达到目标,不仅需要管理技巧,还需要来自领导层的愿景和使命。

五、中小企业数据管理的挑战

由于数据管理具有源自数据本身属性的特性,因此遵循这些原则也带来了很多挑战。下面将讨论这些挑战的细节,而其中许多挑战涉及多个原则。

(一)数据与其他资产的区别

实物资产是看得见、摸得着、可以移动的,在同一时刻只能被放置在一个地方,如金融资产必须在资产负债表上记账。数据却不同,它不是有形的。尽管数据的价值经常随着时间的推移而变化,但它是持久的、不会磨损的。数据很容易被复制和传送,但它一旦被丢失或销毁,就不容易重新产生。因为它在使用时不会被消耗,所以它甚至可以在不损耗的情况下被偷走。数据是动态的,可以被用于多种目的。同样,数据甚至可以同时被许多人使用,而对实物资产或金融资产来说,这是不可能的。数据被多次使用产生了更多的数据,大多数中小企业就要管理不断提升的数据量和越来越复杂的数据关系。

这些差异使得为数据设定货币价值具有挑战性。如果没有这种货币价值,则很难衡量数据如何促进中小企业成功。这些差异还引发了影响数据管理的其他问题,如定义数据所有权、列出中小企业拥有的数据量、防止数据滥用、管理与数据冗余相关的风险以及定义和实施数据质量标准。

尽管在测量数据价值方面存在很大的挑战,但大多数人已认识到数据确实存在价值。一个中小企业的数据对自身而言是唯一的,如果中小企业唯一的数据被丢失或销毁,则重新产生这些数据将是不可能或极其昂贵的。数据也是中小企业了解自身的手段,它是描述其他资产的元资产。因此,它为中小企业的洞察力提供了基础。

无论是在中小企业内部,还是在各企业间,数据和信息对于开展业务都是至关重要的。大多数业务交易涉及信息交换。大多数信息是以电子方式交换的,从而创建了一个数据流。除了标记已发生的交换,此数据流还可用于其他目的,如可以提供关于中小企业如何工作的信息。

由于数据在任何中小企业中都扮演着重要的角色,因此需要谨慎地管理数据。

(二)数据价值

价值是一件事物的成本和从中获得利益的差额。对于有些资产,如存货,计算价值非常容易,就是它的购买成本和销售价格之间的差额。但对数据而言,无论是数据的成本还是利润都没有衡量其价值的统一标准,这些计算会变得错综复杂。

每个企业的数据都是唯一的,因此评估数据价值需要首先计算在企业内部持续付出的一般性成本和各类收益。类别举例如下:

①获取和存储数据的成本。

②如果数据丢失,更换数据需要的成本。

③数据丢失对企业的影响。

④风险化解成本和与数据相关的潜在风险成本。

⑤改进数据的成本。

⑥高质量数据的优势。

⑦竞争对手为数据付出的费用。

⑧数据潜在的销售价格。

⑨创新性应用数据的预期收入。

评估数据资产面临的主要挑战是,数据的价值是上下文相关的,而且往往是暂时的。也就是说,在一个中小企业中,某些类型的数据可能会随着时间的推移而具有价值。例如,获取可靠的客户信息。随着越来越多与客户活动相关的数据得以积累,随着时间的推移客户信息而变得更有价值。

在数据管理方面,将财务价值与数据建立关联的方法至关重要,因为中国中小企业需要从财务角度了解资产,以作出一致的决策。重视数据,是重视数据管理活动的基础。数据评估过程也可以作为变更管理的一种手段。

第二节 DAMA-DMBOK 数据管理知识体系

虽然数据管理为企业带来许多挑战,但很少有新的挑战。至少从 20 世纪 80 年代起,各企业就已认识到管理数据是其成功的关键。随着创建和利用数据的能力及愿望的增强,可靠数据管理实践的需求也在增加。

DAMA 的成立是为了应对这些挑战。DMBOK 是一本面向数据管理专业人员的权威参考书,通过以下方式支持 DAMA 的使命:一是为实施企业数据管理实践提供功能框架,包括指导原则、广泛采用的实践、方法和技术、功能、角色、可交付成果和度量指标;二是为数据管理概念建立通用词汇表,并以此作为数据管理专业人员最佳实践的基础;三是作为数据管理专业人士认证和其他认证考试的基本参考指南。

一、DAMA-DMBOK 数据管理框架的 11 个知识领域

DMBOK 是围绕 DAMA-DMBOK 数据管理框架的 11 个知识领域构建的。

知识领域描述了数据管理活动集的范围和语境。嵌入在知识领域内是数据管理的基本目标和原则。因为数据在企业内横向移动,所以知识领域的各种活动与其他知识领域活动及企业其他职能间有相互作用。

（一）数据治理

通过建立一个能够满足企业需求的数据决策体系，为数据管理提供指导和监督。

（二）数据架构

定义与企业战略协调的管理数据资产蓝图，以建立战略性数据需求及满足需求的总体设计。

（三）数据建模和设计

在数据建模和设计阶段，我们通过精确的数据模型形式，进行探索、分析、展示，并进行有效的数据需求沟通。这个过程不仅有助于理解数据的本质，还促进其在数据管理生命周期中的有序进行。

（四）数据存储和操作管理

数据存储和操作管理的目标是最大化数据的价值。这包括设计、实施和支持数据存储的活动，以及在整个数据生命周期中各种操作的计划和销毁。通过这一系列活动，我们能够确保数据以最有效的方式存储，并在需要时进行恰当的操作，从而实现数据的最大化利用。

（五）数据安全管理

保障数据的隐私和机密性是数据安全管理的核心任务。这包括防止数据破坏，确保数据仅在授权的情况下被访问。通过维护数据的完整性和保护机密信息，我们可以确保数据在整个生命周期中得到妥善管理。

（六）数据集成和互操作

数据集成和互操作所涉及的内容还是很多的，重点是数据的科学储存，数据的应用程序以及与企业之间不断的流动和整合。这一过程确保各个数据源之间的协调，使得数据能够自由流动，实现更高水平的互操作性和整合性。

(七)文档和内容管理

文档和内容管理所涵盖的内容也是很多的,重点就是非结构媒体数据和信息的不同时期,活动的计划、实施以及控制等过程都属于其范畴,特别是在支持法律法规遵从性所需的文档方面。通过这一过程,我们能够确保信息按照法规的要求得到有效管理。

(八)参考数据和主数据管理

参考数据和主数据管理涉及对核心共享数据的持续协调和维护。通过使关键业务实体的真实信息在各系统中以准确、及时和相关联的方式保持一致,我们能够提高数据的一致性和可信度。

(九)数据仓库和商务智能管理

数据仓库和商务智能管理包括计划、实施和控制流程,以有效地管理决策支持数据。这使知识工作者能够通过分析报告从数据中提取有价值的信息,从而更好地支持决策制定。

(十)元数据管理

元数据管理包含的内容也比较多,重点是活动的规划、实施以及控制等各种内容,主要目的是保证实现高质量集成元数据的访问。其中重点包括定义、模型、数据流和其他至关重要的信息。通过有效管理元数据,我们能够更好地理解和利用数据资源。

(十一)数据质量管理

数据质量管理包括规划和实施质量管理技术,以测量、评估和提高数据在企业内的适用性。通过不断优化数据质量,我们能够确保数据对业务决策的支持始终保持高水平。

二、DAMA-DMBOK2 章节组成

除有关知识领域的章节外,DAMA—DMBOK2 还包含以下章节。

(一)数据处理伦理

描述了关于数据及其应用过程中,数据伦理规范在促进信息透明和社会责任决策中的核心作用。数据采集、分析和使用过程中的伦理意识对所有数据管理专业人员都有指导作用。

(二)大数据和数据科学

描述了针对大型的、多样化数据集收集和分析能力的提高而出现的技术和业务流程。

(三)数据管理成熟度评估

描述了评估和改进企业数据管理能力的方法。

(四)数据管理企业和角色期望

为组建数据管理团队、实现成功的数据管理活动提供了实践指导和参考。

(五)数据管理和企业变革管理

描述了如何计划和成功地推动企业文化变革。文化的变革是将数据管理实践有效地嵌入企业中的必然结果。

某个特定的企业如何管理它的数据取决于其目标、规模、资源和复杂性以及对数据如何支持总体战略的认识程度。大多数企业并不会执行每个知识领域中描述的所有活动。然而,更广泛地了解数据管理背景有助于企业在工作中更好地决定应该关注哪里,从而改进这些职能内部和职能间的管理实践。

第三节 中小企业数据治理

在所有企业中,无论是否有正式的数据治理职能,都需要对数据进行决策。建立正式的数据治理规程及有意向性地行使权力和管控的企业,能够更好地从数据资产中获得收益。

数据治理职能最主要的目的是实现不同数据管理领域活动的科学指导，从而保证数据管理的过程可以严格按照数据管理制度开展，以从中获取最大的价值。数据管理的核心驱动力在于确保企业充分利用其数据，而数据治理则专注于制定与数据相关的决策、规范人员和流程在数据管理方面的行为方式。数据治理项目的具体范围和焦点因企业需求而异，但通常包括以下关键方面：

首先，数据治理涉及战略层面，主要是为了保证数据战略可以科学地传达以及推动数据治理战略能顺利地执行。其次，在制度方面涵盖了较多的内容。要保证和数据、元数据访问等有关的制度都能够顺利建立。最后，要高度重视质量以及标准方面。在合规方面，要保证企业可以更好地满足数据监管合规性的各项要求。

在开展实践的过程中，问题管理方面所涉及的内容还是很多的，例如问题的识别、定义、升级和处理等。通过数据管理项目的实施，最主要的目的是促进数据管理实践能力的不断增强。在此过程中，为了实现数据资产业务价格的统一定义，在数据资产的估值方面也实现了标准和流程的科学设立。

为了保证这些目标顺利的实现，在数据治理的过程中，必须保证企业内部制订较为完善的制度和细则，企业要积极地开展变革管理工作，必须明确数据治理所能够产生的优势，要能够保证数据成为企业资产管理过程中最主要的行为。

通过这些努力，数据治理不仅确保数据的正确性和可靠性，还为企业提供了更灵活、高效的数据管理和利用方式。通过数据治理职能的发挥，可以实现不同数据管理领域活动开展的顺利引导，可以保证其按照数据管理制度实现数据的科学管理。数据管理的核心目的是确保企业能够从其数据中获取最大价值，而数据治理则专注于制定与数据相关的决策、规范人员和流程在数据管理方面的行为方式。

很多中小企业可以选择正式的数据治理，企业应该不断地变革管理，要保证自身充分得到最高管理层的有效支持。

产生和分享数据、信息的能力改变了个人及经济的互动内容。在充满活力的市场环境中,将数据作为差异化竞争优势意识的提升,促使企业开始调整数据管理职责。上述改变已经很明显地出现在金融、电子商务、政府和零售领域。不同的企业都在为成为数据驱动型企业不懈努力,开始将数据需求看作战略发展、项目规划以及技术实施的重要组成部分。然而,这样做通常会为企业带来文化上的挑战。此外,鉴于企业文化可以影响任何战略目标,进行数据治理时需努力将文化变革部分纳入考虑,以期获得强有力的领导支持。

要想从作为企业资产的数据中受益,企业必须学会衡量数据和数据管理活动的价值。即使拥有最佳的数据战略,数据治理和数据管理计划也可能不会成功,除非企业愿意接受并进行管理变革。对很多企业而言,文化变革是一项主要的挑战。变革管理的基础信条是,企业变革需要个人的改变。当数据治理和数据管理要求行为显著地发生变化时,为了成功,一定需要正式的变革管理。

一、业务驱动因素

数据治理最常见的驱动因素是法规遵从性,特别是重点监控行业。例如,金融服务和医疗健康,需要引入法律所要求的治理程序。高级分析师、数据科学家的迅猛发展成为新增的驱动力。

尽管监管或者分析可以驱动数据治理,但很多中小企业的数据治理是通过其他业务信息化管理需求驱动的,如主数据管理等。一个典型场景:一家公司需要更优质的客户数据,它选择开发客户主数据平台,然后意识到成功的数据管理是需要数据治理的。

数据治理并不是到此为止,而是需要直接与中小企业战略保持一致。数据治理越显著地帮助企业解决问题,人们越有可能改变行为,且更容易接收数据治理的实践。

(一)减少风险

1. 一般性风险管理

洞察风险数据对财务或商誉造成的影响,包括对法律和监管问题的响应。

2. 数据安全

通过控制活动保护数据资产,包括可获得性、可用性、完整性、连续性、可审计性和数据安全。

3. 隐私

通过制度和合规性监控,管理私人信息、机密信息、个人身份信息等。

(二)改进流程

1. 法规遵从性

有效和持续地响应监管要求的能力。

2. 数据质量提升

通过真实可信的数据提升业务绩效的能力。

3. 元数据管理

建立业务术语表,用于定义和定位企业中的数据;确保企业中数量繁多的元数据被管理和应用。

4. 项目开发效率

在系统生命周期中改进,以解决整个企业的数据管理问题,包括利用数据全周期治理来管理特定数据的技术。

5. 供应商管理

控制数据处理的合同,包括云存储、外部数据采购、数据产品销售和外包数据运维。

在整个中小企业内厘清数据治理的业务驱动因素是基础性工

作,它将与企业整体业务战略保持一致。经常聚焦"数据治理"往往会疏远那些认为治理产生额外开销却没有明显好处的领导层。对企业文化保持敏感性也是必要的,需要使用正确的语言、运营模式和项目角色。在DAMA-DMBOK2编写过程中,术语"企业"被"运营模式"或"运营框架"之类的词语取代。

人们有时难以理解数据治理是什么,其实治理本身是一个通用概念。数据管理专家可以将其他治理的概念和原则应用于数据治理。而通常将审计、会计与数据治理放在一起比较,审计员和财务主管设置管理财务资产的规则,数据治理专家制定管理数据资产的规则,然后其他领域执行这些规则。

数据治理不是一次性的行为。治理数据是一个持续性的项目集,以保证企业一直聚焦于能够从数据中获得价值,并且能降低有关数据的风险。可以由一个虚拟企业或者有特定职责的实体企业承担数据治理的责任。只有理解了数据治理的规则和活动才能达到高效执行,为此需要建立可良好运转的运营框架。数据治理程序中应该考虑到中小企业和文化的独特性问题,以及数据管理在中小企业中面对的具体挑战和机遇。

数据治理要与IT治理区分开。IT治理是制定关于IT投资、IT应用组合和IT项目组合的决策,从另一个角度看还包括硬件、软件和总体技术架构。IT治理的作用是确保IT战略、投资能够与中小企业目标及战略一致。COBIT框架提供IT治理标准,但是,其中仅有很少一部分涉及数据和信息管理。其他一些重要法规,如萨班斯法案则覆盖企业治理、IT治理和数据治理多个领域。相反,数据治理仅聚焦于管理数据资产和作为资产的数据。

二、目标和原则

通过数据治理,最为主要的目标是保证企业可以将数据看作自身的主要资产,并科学管理。数据治理提供治理原则、制度、流程、整体框架、管理指标,监督数据资产管理,并指导数据管理过程中各层级的活动。为达到整体目标,数据治理程序必须包括以下几个方面:

(一)可持续发展

治理程序必须富有吸引力。它不是以一个项目作为终点,而是一个持续的过程,需要把它作为整个企业的责任。数据治理必须改变数据的应用和管理方式,但也不代表企业要做巨大的更新和颠覆。数据治理是超越一次性数据治理组件实施可持续发展路径的管理变革。可持续地数据治理需要依靠业务领导、发起者和所有者的支持。

(二)嵌入式

数据治理不是一个附加管理流程。数据治理活动需要融合软件开发方法、数据分析应用、主数据管理和风险管理。

(三)可度量

数据治理做得好就会有积极的财务影响,但要证明这一点,则需要了解起始过程并计划可度量的改进方案。

三、数据治理基础的原则

(一)领导力和战略

成功的数据治理始于远见卓识和坚定的领导。数据战略指导数据管理活动,同时由企业业务战略驱动。

(二)业务驱动

数据治理是一项业务管理计划,因此必须管理与数据相关的IT决策,就像管理与数据有关的业务活动一样。

(三)共担责任

在所有数据管理的知识领域中,业务数据管理专员和数据管理专业人员共担责任。

(四)多层面

数据治理活动发生在企业层面和各地基层,但通常发生在各层面。

(五)基于框架

由于治理活动需进行跨企业职能的协调,因此对数据治理项目必须建立一个运营框架来定义各自职责和工作内容。

(六)原则导向

指导原则是数据治理活动特别是数据治理策略的基础。通常情况下,企业制定制度时没有正式的原则,他们只是试图解决特定的问题。有时原则可以从具体策略中通过逆向工程反推得到。然而,最好把核心原则的阐述和最佳实践作为策略的一部分。参考这些原则可以减少潜在的阻力。随着时间的推移,会有更多的指导原则与相关的数据治理组件共同对企业内部发布。

四、基本概念

正如财务审计人员实际上并不执行财务管理一样,数据治理确保数据被恰当地管理而不是直接管理数据。数据治理相当于将监督和执行的职责分离。数据治理和数据管理的关系如图 6-1 所示。

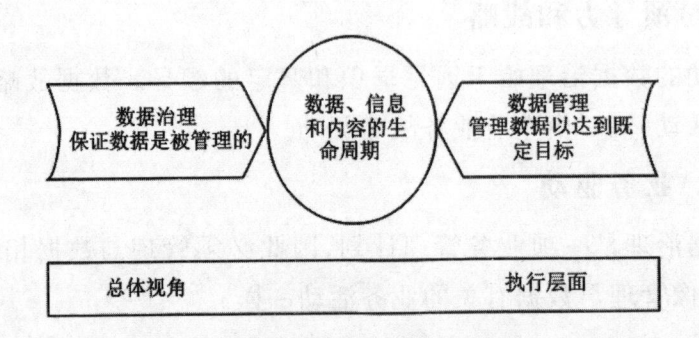

图 6-1 数据治理和数据管理的关系

(一)以数据为中心的企业

以数据为中心的企业将数据作为资产估值,在生命周期所有阶段进行管理,包括项目开发和持续运营阶段。为达到以数据为中心,企业必须改变将战略转化为行动的方式。数据不再被作为流程和业务产品的附属，业务处理的目标是得到高质量的数据。有效数据管理成为企业致力于通过分析获得洞察、制定决策时的高优先级事项。

人们常常混淆数据和信息技术。企业为达到以数据为中心的目的则需要不同于以往的思考方式，要理解管理数据不同于管理 IT。转型并非易事，现有文化及内部制度、关于拥有权的争议、预算、历史遗留问题，都将成为建立企业级数据治理和数据管理的最大障碍。

虽然每个企业都需要有自己的原则，但那些寻求从其数据中获得更多价值的企业可能会分享以下内容：

①数据应该被作为企业资产进行管理。
②应该在整个企业内鼓励数据管理的最佳实践。
③企业数据战略必须与业务战略一致。
④应不断改进数据管理流程。

(二)数据治理企业

治理项目的核心词是治理。数据治理可以从政治治理的角度来理解。它包括立法职能、司法职能和执行职能。为更好地管理风险，多数企业采用了典型的数据治理形式，以便听取所有利益相关方的意见。

不同的企业都应该具有自身的治理模型。要能够为自身的业务战略提供支持，可以在自身的文化背景下取得更大的成果。企业应该加强这种模式的不断发展，迎接更多新的挑战。模型在企业结构、形式级别和决策方法方面有所不同。有些模型是集中式的，而有些则是分布式的。

数据治理企业可以具有多个层次，以解决企业内不同级别——本地、部门和企业的问题。治理工作通常分为多个委员会，每个委员会的目的和监督水平与其他委员会不同。

通用的数据治理企业组成部分如图 6-2 所示。数据治理在企业内部的不同级别上进行活动，并在企业功能内以及技术和业务领域之间分离治理职责。注意这不是企业结构图。该图说明了各个领域如何根据上述趋势共同开展数据治理，以消除对术语"企业"的强调。在数据治理操作框架内建立的典型数据治理委员会如表 6-1 所示。

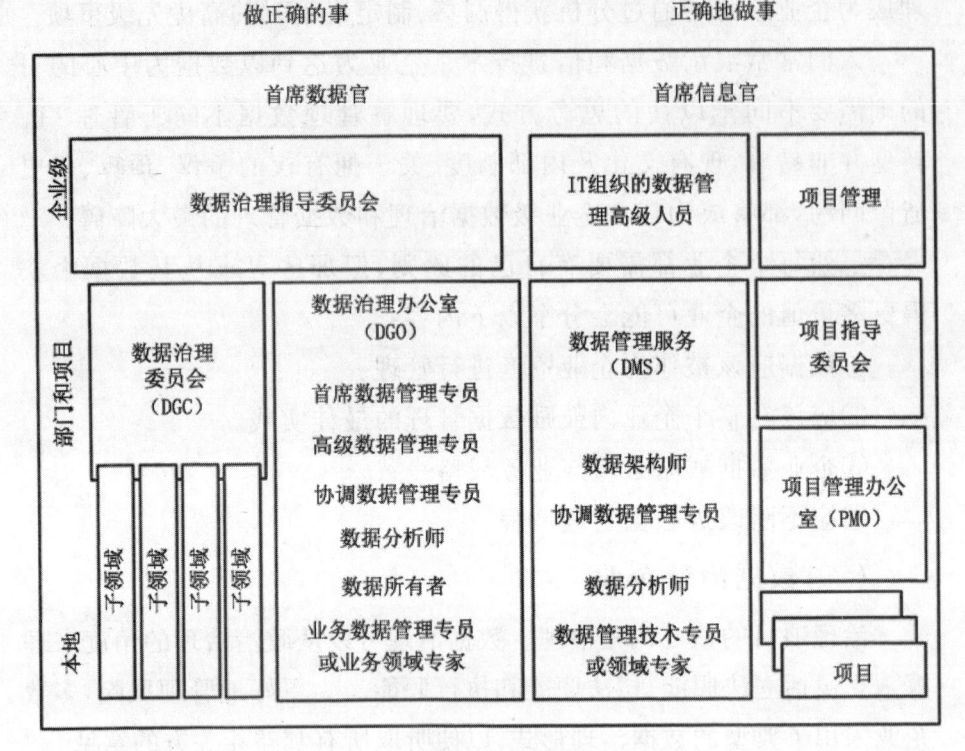

```
         立法和司法视角              执法视角
           做正确的事                正确地做事
```

	首席数据官	首席信息官	
企业级	数据治理指导委员会	IT组织的数据管理高级人员	项目管理
部门和项目	数据治理委员会（DGC）	数据治理办公室（DGO） 首席数据管理专员 高级数据管理专员 协调数据管理专员 数据分析师 数据所有者 业务数据管理专员或业务领域专家	数据管理服务（DMS） 数据架构师 协调数据管理专员 数据分析师 数据管理技术专员或领域专家	项目指导委员会 项目管理办公室（PMO）
本地	子领域 子领域 子领域 子领域			项目

图 6-2 数据治理企业的组成部分

表 6-1 典型数据治理委员会

数据治理机构	说明
数据治理指导委员会	组织中数据治理的主要和最高权威组织,负责监督、支持和资助数据治理活动。由跨职能的高级管理人员组成,通常根据DCC和CDO的建议,为数据治理发起的活动提供资金。该委员会可能会反过来受到来自更高级别组织或者委员会的监督
数据治理委员会	管理数据治理规划(如制度或指标的制定)、问题和升级处理。根据所采用的运营模型由相关管理层人员组成
数据治理办公室	持续关注所有DAMA知识领域的企业级数据定义和数据管理标准,由数据管理专员、数据保管人和数据拥有者等协调角色组成

续表

数据治理机构	说明
数据管理团队	与项目团队在数据定义和数据管理标准方面进行协作、咨询,由聚焦于一个或者更多领域或项目的成员组成,包括业务数据管理专员、技术数据管理专员或者数据分析师
本地数据治理委员会	大型组织可能有部门级或数据治理指导委员会分部,在企业数据治理委员会(DGC)的指导下主持工作。小型组织应该避免这种复杂设置

(三)数据治理运营模型类型

在集中式管理模式中,数据治理企业监督所有业务领域中的活动。在分布式管理模式中,每个业务单元采用相同的数据治理运营模型和标准。在联邦式管理模式中,数据治理企业与多个业务单元协同,以维持一致的定义和标准。

(四)数据管理职责

数据管理职责描述了数据管理岗位的责任,以确保数据资产得到有效的控制和使用。可以通过职位名称和职责描述正式确定管理职责,也可以采用非正式的形式,由帮助企业获取数据价值的人驱动。通常情况下,像保管人、受托人这样的称呼,就是类似的管理岗位的同义词。

管理职责的焦点企业之间各有不同,这取决于企业战略、文化、试图解决的问题、数据管理成熟度水平以及管理项目的形式等因素。然而在大多数情况下,数据管理活动集中于以下部分:

1.创建和管理核心元数据

它包括业务术语、有效数据值及其他关键元数据的定义和管理。通常管理专员负责整理的业务术语表,称为与数据相关的业务术语记录系统。

2. 记录规则和标准

它包括业务规则、数据标准及数据质量规则的定义和记录。通常基于创建和使用数据业务流程的规范,以满足对高质量数据的期望。为确保在企业内部达成共识,由数据管理专员帮助制定规则并确保其得到连贯的应用。

3. 管理数据质量问题

数据管理专员通常参与识别、解决与数据相关的问题,或者促进解决的过程。

4. 执行数据治理运营活动

数据管理专员有责任确保数据治理制度和计划在日常工作或每一个项目中被遵循执行,并对决策发挥影响,以支持企业总体目标的实现。

(五) 数据管理岗位的类型

管理专员的职责是为别人管理财产的人。数据管理专员代表他人的利益并为企业的最佳利益而管理数据资产。数据管理专员代表所有相关方的利益,必须从企业的角度来确保企业数据的高质量和有效使用。专业的数据管理专员对数据治理活动负责,并有部分时间专门从事这些活动。

根据企业的复杂性和数据治理规划的目标,各个企业中正式任命的这些数据管理专员在其工作职位上会有一些区别,主要有以下几点。

1. 首席数据管理专员

CDO 的替代角色,担任数据治理机构的主席,也可以是虚拟的或者在分布式数据治理企业中担任 CDO。他们甚至可能是高层发起者。

2. 高级数据管理专员

他们是数据治理委员会的资深管理者。

3. 企业数据管理专员

他们负责监督跨越业务领域的数据职能。

4. 业务数据管理专员

他们是业务领域专业人士,通常是公认的领域专家,对一个数据域负责。他们和利益相关方共同定义和控制数据。

5. 数据所有者

他们是某个业务数据管理专员,对其领域内的数据有决策权。

6. 技术数据管理专员

他们是某个知识领域内工作的 IT 专业人员,如数据集成专家、数据库管理员、商务智能专家、数据质量分析师或元数据管理员。

7. 协调数据管理专员

这在大型企业中尤为重要,其领导并代表业务数据管理专员和技术数据管理专员进行跨团队或者数据专员之间的讨论。

DAMA-DMBOK1 中指出:"通常最好的数据管理专员都是在工作中被发现的,而不是靠培养的。"这意味着在大多数企业中,即使没有数据治理项目,也有人负责数据管理。这些人已经参与到帮助企业降低数据风险和从数据中获得更多价值的工作中。将他们的岗位管理职责正式化,可以使他们的工作得到认可,帮助他们更加成功、做出更多的贡献。这些都意味着数据管理专员可以被"培养",可以培训员工成为各类数据管理专员。让那些已经在管理数据的人拓展他们自己的技能和知识,从而使他们工作得更好。

(六)数据制度

数据制度包括对数据治理管理初衷的简要说明和相关基本规则,这些规则贯穿数据和信息的创造、获取、集成、安全、质量和使用的全过程。

数据制度是全局性的,它们支持数据标准以及与数据管理和使用等关键方面的预期行为,不同企业间的数据制度差异很大。数据制度描述了数据治理的"什么",而标准和规程描述了数据治理的"如何"。数据制度应该较少,并且尽量采用简单直接的描述。

(七)数据资产估值

数据资产估值是一个理解和计算数据对企业的经济价值的过程。因为数据、信息甚至商务智能都是抽象概念,人们很难将它们与经济影响联系起来。理解不可替换项价值的关键是理解如何使用它以及它给企业带来多少价值。与其他资产不同,数据具有不可互换性。某企业客户数据的重要性不同于另一个企业的客户数据;不仅是客户本身,而且包括与之相关的数据。一个企业如何从客户数据中获得价值,可以成为企业的竞争优势。

数据生命周期的大多数阶段涉及成本。数据只有在使用时才有价值,使用时数据还产生了与风险管理相关的成本。因此,当使用数据的经济效益超过了上述成本时,其价值就会显现。

其他度量价值的方式包括:

1. 替换成本

在灾难性数据破坏事件或者数据中断时,数据替换或恢复的成本,包括企业内的交易、域、目录、文档和指标信息等。

2. 市场价值

兼并或收购企业时作为企业资产的价值。

3. 发现商机

通过数据交易市场,从数据中发现商机而获得的收入价值。

4. 数据交易

在法律法规的基础上,一些企业为了产品或销售而进行数据交易。

5. 风险成本

它是基于潜在罚款、补救成本和诉讼费用的估价。来自法律或监管的风险包括：

①缺少必需的数据。

②存在不应留存的数据。

③数据不正确造成客户、公司财务和声誉受到损害。

④风险下降或者风险成本下降，其实是与提升和验证数据等操作干预成本抵消后的溢出部分。

为了描述信息资产价值的概念，可以将公认的会计准则转换为公认的信息原则，如表6-2所示。

表6-2 数据资产会计准则

原则	说明
问责原则	组织必须确定对各种类型数据和内容负有最终责任的个人
资产原则	各种类型的数据内容都是资产，并且具有其他资产的特征。它们应像物理或者金融资产一样可以进行管理、担保和核算
审计原则	数据和内容的准确性要接受独立机构的定期审计
尽职调查原则	如果风险是已知的，必须报告。如果可能存在风险，必须予以确认。数据风险包括与不良数据管理实践相关的风险
持续经营原则	数据及其内容对于组织的成功、持续运营和管理至关重要，即它们不是为实现目标的临时手段，也不是业务的副产品
估值级别原则	在最合理或最容易测量的级别上将数据作为资产进行估值
责任原则	基于监管和伦理，存在着与数据及内容有关的滥用或者管理不当的财务责任
质量原则	数据准确性、数据生命周期和内容会影响组织的财务状况
风险原则	存在与数据和内容相关的风险。无论是作为负债还是作为管理和降低固有风险的成本，风险必须得到正式确认
价值原则	基于满足组织目标的方式、可流通性以及对组织商誉（资产负债表）的贡献来判断，数据和内容是有价值的。信息的价值反映的是其维护和运行的成本与它对组织的贡献抵消之后的溢出

第四节　中小企业数据治理对策与实施

一、规划企业的数据治理

数据治理工作必须支持企业业务战略和目标。一个企业的业务战略和目标影响着企业的数据战略,以及数据治理和数据管理在企业的运营方式。

数据治理与数据相关的决策责任可共享。数据治理活动跨越了企业和系统的边界,以支持整体的数据视图。成功的数据治理应该清楚地了解需要治理什么、怎么治理以及由谁来执行治理。

相对于孤立、特定的功能领域,当数据治理是一项企业层面的工作时,效果最为显著。在企业中,定义数据治理的范围通常需要先定义企业的含义。反过来,数据治理控制了定义它的企业。

(一)执行就绪评估

评估当前企业的信息管理能力、成熟度和有效性,对于制订数据治理的计划至关重要。通过它们,可以用来衡量一个项目的有效性。评估工作对于管理和维持数据治理规划很有价值。典型的评估包括以下四个方面:

1.数据管理成熟度

了解企业对数据的处理方式;衡量其当前的数据管理能力和容量。重点是业务人员对公司管理数据和利用数据的优势以及客观标准的印象。

2.变革能力

数据治理需要行为上的改变,因此测量企业为适应数据治理所需而改变行为的能力非常重要。此外,这些活动有助于识别潜在的阻力点。通常来说,进行数据治理需要正式的企业变革管理。在评估变革能力时,变革管理过程中将评估现有的企业结构、文化观念以及变革管理过程本身。

3. 协作准备

该评估体现了企业在管理和使用数据方面的协作能力。根据定义,管理工作跨越不同职能领域,因此本质上是需要协作才能完成的。如果某个企业对于如何协作无从下手,那么这样的企业文化将成为管理的障碍。永远不要假设企业一开始就知道如何协作,当结合变革能力进行评估时,该评估可了解实施数据治理所需企业文化的能力。

4. 与业务保持一致

通过业务一致性能力评估可以检查企业如何通过调整数据的使用以支持满足业务战略要求,有时这项评估会与变革能力评估一起进行。通过这项评估常常会发现临时安排的数据相关活动是如何进行的。

(二)探索与业务保持一致

数据治理项目必须能够被找到并提供特定的价值来为企业做出贡献。例如,可减少监管机构的罚款。通过评估活动能识别和评价现有制度、指导方针的有效性,如它们处理了哪些风险、鼓励了哪些行为以及实施的情况,同时能够识别数据治理的机会,以此提高数据及内容的实用性,并把业务调整的商业利益附加在数据治理要素中。

数据质量分析是评估工作的一部分。通过数据质量评估可以洞察现有问题和障碍以及低质量数据的影响,还可以识别使用低质量数据执行业务流程存在的风险,以及作为数据治理工作组成部分的数据质量项目带来的财务和其他收益。数据管理实践的评估是数据治理评估过程的关键方面。例如,评估过程中可能会找到一些有能力的用户,为正在进行的数据治理活动创建潜在代理的初始列表。

从发现和校准活动中派生出一个数据治理需求清单。例如,如果监管风险对业务产生财务问题,则需要指定支持风险管理的数据治理活动。这些需求影响着数据治理的战略和战术。

(三)制订企业触点

协调工作的一部分是为数据治理工作锁定企业接触点。图6-3说明,在首席数据官的直接权力之外,还支持企业数据治理和数据管理一致性及凝聚力的企业触点。

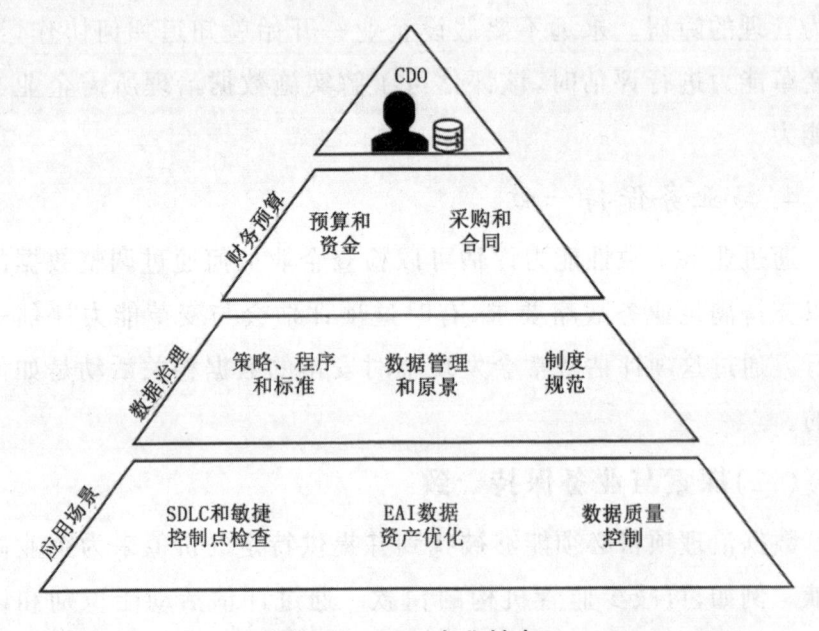

图6-3 CDO企业触点

1. 采购和合同

首席数据官与供应商或合作伙伴的管理部门或者采购部门合作,制定和执行关于数据管理合同的标准文本。这包括数据即服务、云服务采购、其他外包、第三方开发工作或者内容获取/许可协议及可能的以数据为中心的IT工具采购和升级。

2. 预算和资金

如果首席数据官没有直接控制所有与数据采购相关的预算,那么数据管理办公室将成为防止重复工作及保证优化获得数据资产的焦点。

3. 法规遵从性

首席数据官在不同地区、国家和国际监管环境中工作,要理解这些环境是如何影响企业及其数据管理活动的,需要开展持续性的监控活动,以识别、跟踪新出现的和潜在的影响及要求。

4. SDLC/开发框架

数据治理规划中确定了在系统或应用程序开发生命周期中制定企业策略、流程和标准的控制点。

首席数据官影响企业触点,支持企业在管理其数据时的凝聚力,也会增加企业使用数据的敏捷性。从本质上讲,这是企业如何理解和看待数据治理的一个态度。

二、制定数据治理战略

数据治理战略定义了治理工作的范围和方法。应根据总体业务战略以及数据管理、IT战略,全面定义和明确表达数据治理战略。如同标准工件,以迭代的方式开发及获得认可。应根据每个企业制定具体内容,交付物包括章程、运营框架和职责、实施路线图等为成功运营制订计划。

1. 章程

确定数据管理的业务驱动愿景、使命和原则,包括成熟度评估、内部流程分析及当前问题和成功标准。

2. 运营框架和职责

定义数据治理活动的结构和责任。

3. 实施路线图

制订时间计划,它涉及最终发布的制度、指令、业务术语、架构、资产价值评估、标准和程序以及所期望业务和技术流程发生的改变、支持审计活动和法规遵从的交付成果。

4.为成功运营制订计划

为数据治理活动描述一个可持续发展的目标状态。

(一)定义数据治理运营框架

开发数据治理的基本定义很容易,但创建一个企业采用的运营框架可能很困难。在构建企业的运营框架时需要考虑以下几个方面:

1.数据对企业的价值

如果一个企业出售数据,显然数据治理具有巨大的业务影响力。将数据作为最有价值事物的企业,需要一个反映数据角色的运营模式。对于数据是操作润滑剂的企业,数据治理形式就不那么严肃了。

2.业务模式

分散式与集中式、本地化与国际化等是影响业务发生方式以及如何定义数据治理运营模式的因素。与特定IT策略、数据架构和应用程序集成功能的链接,应反映在目标运营框架设计中。

3.文化因素

与个人接受行为准则、适应变化的过程一样,一些企业也会抵制制度和原则的实施。开展治理战略,需要提倡一种与企业文化相适应的运营模式,同时持续进行变革。

4.监管影响

与受监管程度较低的企业相比,受监管程度较高的企业具有不同的数据治理心态和运营模式,可能还与风险管理或法律团队有联系。

数据治理层通常作为整体解决方案的一部分。这意味着确定管理活动职责范围、谁拥有数据等。运营模型中还定义了治理企业与负责数据管理项目人员间的协作、参与变革管理活动以引入新的规程以及通过治理实现问题管理的解决方案。运营框架如图6-4所示,这个例子很有说服力。由此看出必须定制这种工作才能满足不同企业的个性化需求。

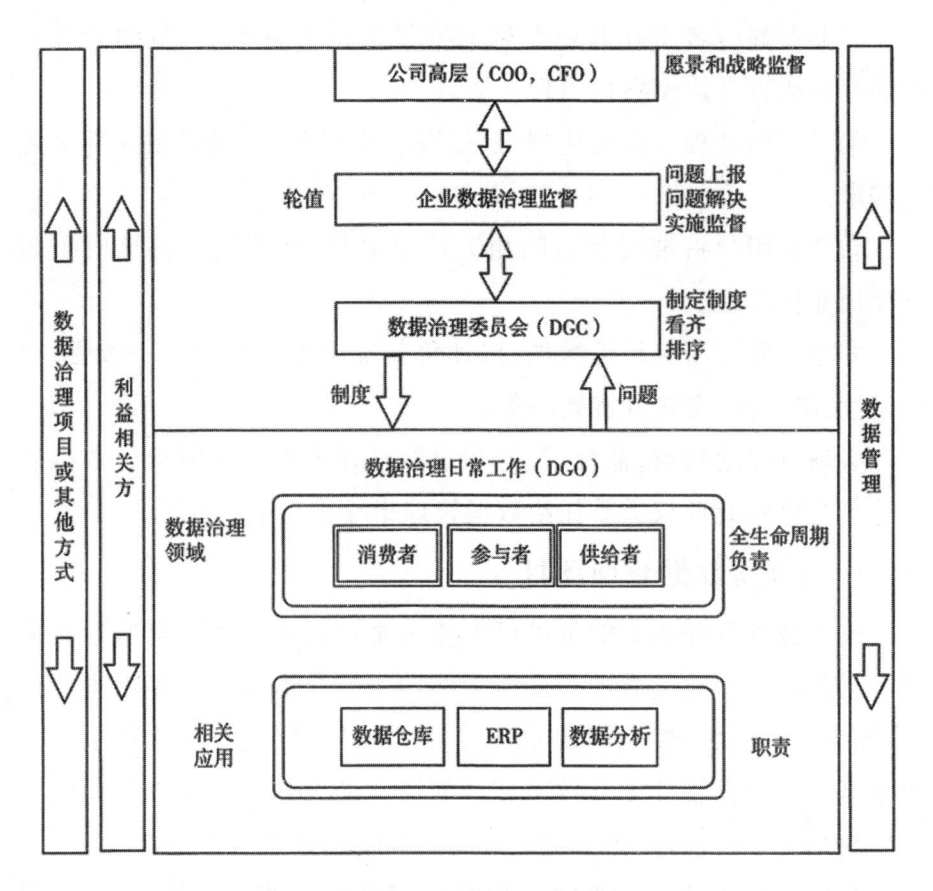

图 6-4 运营框架示例

(二)制订目标、原则和制度

依据数据治理战略制定的目标、原则和制度将引导企业进入期望的未来状态。

通常由数据管理专业人员、业务策略人员,在数据治理企业的支持下共同起草数据治理的目标、原则和制度,然后由数据管理专员和管理人员审查并完善,最终由数据管理委员会进行终审、修订和发布采用。

管理制度可能包含多个不同方面内容,如:

①由数据治理办公室认证确认企业用到的数据。

②由数据治理办公室批准成为业务拥有者。

③业务拥有者将在其业务领域委派数据管理专员,数据管理专员的日常职责是协调数据治理活动。

④尽可能地提供标准化报告、仪表盘或记分卡,以满足大部分业务需求。

⑤认证用户将被授予访问相关数据的权限,以便查询即时报表和使用非标准报告。

⑥定期复评所有认证数据,以评价其准确性、完整性、一致性、可访问性、唯一性、合规性和效率等。

必须有效地沟通、监督、执行和定期复评数据管理制度。数据管理委员会可将此项权力委托给数据管理指导委员会。

(三)推动数据管理项目

改进数据管理能力的举措可为整个企业带来好处。这些通常需要来自数据治理委员会的跨职能关注和支持。数据管理项目很难推动,因为它们经常被看作"完成工作"的障碍。推动数据治理项目的关键是阐明数据管理提高效率和降低风险的方法。企业如果想从数据中获得更多价值,则需要优先发展或有效提升数据管理能力。

数据治理委员会负责定义数据管理项目的商业案例,监督项目状态和进度。如果企业中存在项目管理办公室,则数据治理委员会要和数据管理办公室协同工作,数据管理项目可视为整个IT项目组合的一部分。

数据治理委员会还可以与企业范围内的大型项目集配合开展数据管理改进工作。主数据管理项目,如企业资源计划、客户关系管理和全球零件清单等都是很好的选择。

其他项目中的数据管理活动,一般由企业内部SDLC、服务交付管理、ITIL和PMO统筹考虑。对于每个含有重要数据组件的项目,在软件生命周期的前期就应该收集数据管理需求。这些内容应当包括系统架构、合规性、系统记录的识别和分析以及数据质量的检测与修复。此外,还可能有一些其他数据管理支持活动,包括使用标准测试台进行需求验证测试。

(四)参与变革管理

企业变革管理是进行企业管理体系和流程变革的管理工具。变革管理研究所认为,企业的变革管理不仅仅是"项目中人的问题",还应该被视为整个企业层面管理改良的一种途径。企业经常面临管理项目上的变动,而不是管理企业体系的进化。成熟的企业在变革管理中会建立清晰的企业愿景,从高层积极引导和监督变革,设计和管理较小的变革尝试,再根据整个企业的反馈和协同情况调整变革计划方案。

对很多企业来说,数据治理所固有的形式和规则不同于已有的管理实践。适应数据治理,需要人们改变行为和互动方式。对于正式的管理变革项目,需要有合适的发起者,这对于推动维持数据治理所需的行为变化至关重要。企业需要组建一个团队负责以下事项:

(1)规划

规划变革管理,包括进行利益相关方分析、获得支持以及建立能够克服阻力的沟通方法。

(2)培训

建立和执行数据治理项目培训。

(3)影响系统开发

与项目管理办公室合作,在软件开发生命周期中增加数据治理的步骤。

(4)制度实施

宣传数据制度和企业对数据管理活动的承诺。

(5)沟通

提高数据管理专员和其他数据治理专业人员对自身角色和职责以及数据管理项目目标和预期的认知。

沟通对变更管理过程至关重要。为了使正式的数据治理变更管

理方案获得支持,应将沟通重点放在以下五个方面:

(1)提升数据资产价值

教育和告知员工数据在实现企业目标中所起的作用。

(2)监控数据治理活动的反馈并采取行动

除共享信息外,通过沟通计划引导出相关方反馈,以指导数据治理方案和变更管理过程。积极寻求和利用利益相关方的意见可以建立对项目目标的承诺,同时可以获得成功和改进的机会。

(3)实施数据管理培训

对各级企业进行培训,以提升对数据管理最佳实践和管理流程的认知。

(4)五个关键领域

可以从五个关键领域衡量变革管理的程度:意识到需要改变;希望参与并支持变革;知道如何改变;具备实施新技能和行为的能力;保持持续变革。

(5)实施新的指标和关键绩效

应该重新调整员工激励措施,以支持与数据管理最佳实践相关的行为。由于企业数据治理需要跨职能合作,激励措施中应该鼓励跨部门互动和协作。

(五)参与问题管理

1.问题管理构成

问题管理是识别、量化、划分优先级和解决与数据治理相关的问题的过程,包括:

(1)授权

关于决策权和程序的问题。

(2)变更管理升级

升级变更过程中出现问题的流程。

(3) 合规性

满足合规性要求的问题。

(4) 冲突

包括数据和信息中冲突的策略、流程、业务规则、命名、定义、标准、架构、数据所有权以及冲突中利益相关方的关注点。

(5) 一致性

与策略、标准、架构和流程一致性相关的问题。

(6) 合同

协商和审查数据共享协议,购买和销售数据、云存储。

(7) 数据安全和身份识别

有关隐私和保密的问题,包括违规调查。

(8) 数据质量

检测和解决数据质量问题,包括灾难事件或者安全漏洞。

很多问题会在数据管理团队中被解决。需要沟通或者上报的问题必须记录下来,并将其上报给数据管理团队或者更高级别的数据治理委员会,如图 6-5 所示。数据治理记分卡可用于识别与问题相关的因素,如问题在企业内发生的位置、根本原因等。数据治理委员会无法解决的问题则应上报给公司治理或管理层。

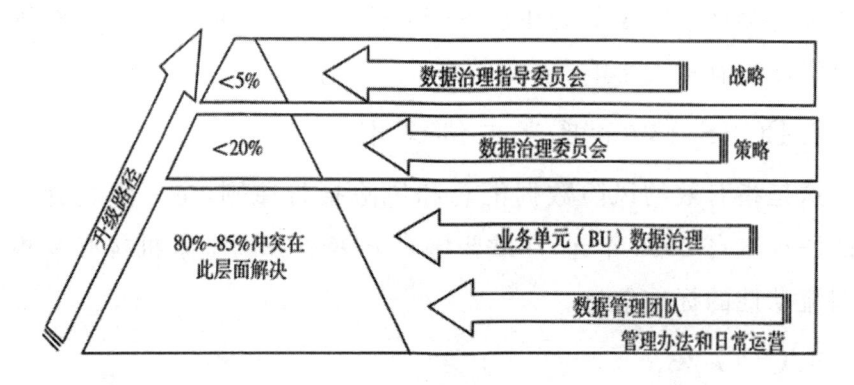

图 6-5 数据问题升级路径

2. 控制机制和流程

开展数据治理需要在以下几个方面建立控制机制和流程:

①识别、收集、记录和更新的问题。
②各项活动的评估和跟踪。
③记录利益相关方的观点和可选解决方案。
④确定、记录和传达问题解决方案。
⑤促进客观、中立的讨论,听取各方观点。
⑥将问题升级到更高权限级别。

数据问题管理非常重要,通过问题管理为数据治理团队建立信任,减轻生产支持团队的负担,对数据消费者有直接、积极的影响。通过解决问题也证明了数据管理及其质量的提高。成功的问题管理,需要有展示工作过程和消除影响的控制机制。

(六)评估法规遵从性要求

每个企业都受到政府和行业法规的影响,其中包括如何管理数据和信息的法规。数据治理的部分功能是监督并确保合规,合规性通常是实施数据管理的初始原因。数据治理指导应实施适当的控制措施,以记录和监控数据相关法规的遵从情况。

对管理信息资产有重大影响的部分全球性法规如下:

1. 会计准则

政府会计准则委员会和财务会计准则委员会的会计准则对管理信息资产具有重大影响。

2. BCBS 239 和巴塞尔协议 Ⅱ

这是指有效的风险数据汇总和风险报告原则,是一整套针对银行的法规。自 2006 年起,在欧盟国家开展业务的金融机构必须报告证明流动性的标准信息。

3. CPG 235

澳大利亚审慎监管局负责监督银行和保险实体,公布了一些标准和指南以帮助被监管对象满足这些标准,其中包括 CPG 235,这是一个管理数据风险的标准。制定这个标准的目的是解决数据风险的来源，并在整个生命周期中管理数据。

4. PCI-DSS

支付卡行业数据安全标准。

5. 偿付能力标准Ⅱ

欧盟法规，类似巴塞尔协议Ⅱ，适用于保险行业。

6. 隐私法

适用于各地区、各主权实体和国际的法律。

数据治理企业与其他业务和技术的负责人一起评估各种法规的影响。例如，评估过程中每个企业必须确定以下问题：

①与企业相关的法规有哪些？

②什么是合规性？实现合规性需要什么样的策略和流程？

③什么时候需要合规？如何以及什么时候监控合规性？

④企业能否采用行业标准来实现合规性？

⑤如何证明合规性？

⑥违规的风险和处罚是什么？

⑦如何识别和报告不合规的情况？如何管理和纠正不合规的情况？

数据治理监控企业要对涉及数据和数据实践的监管要求或审计承诺作出响应，如在监管报告中证明数据质量合格。

三、实施数据治理

数据治理不可能一夜之间实现。治理过程包含了很多复杂性协调工作，需要对治理进行规划，不仅要考虑到企业的变化，而且最终改变得要简单。最佳方式是创建一个实施路线图，说明不同活动间的关系和整体时间框架。例如，如果数据治理项目的重点是提高合规性，则优先事项可能由特定的法规要求驱动。在联合数据治理企业中，根据不同业务线的参与度、成熟度以及资金来源，可以在不同时间表上执行不同业务线的数据治理。

有一些数据治理工作是基础性的,其他工作依赖于此。这些基础性工作分为初始阶段和持续阶段。高优先级的前期工作包括:

①定义可满足高优先级目标的数据治理流程。

②建立业务术语表,记录术语和标准。

③协调企业架构师和数据架构师,帮助他们更好地理解数据和系统。

④为数据资产分配财务价值,以实现更好的决策,并提高对数据在企业成功中所起作用的理解。

(一)发起数据标准和规程

标准定义为"用来判断其他事物质量的好东西"或"由权威建立和确定,作为衡量数量、重量、范围、价值或质量的规则"。因为标准提供了一种比较方法,所以其有助于质量的定义。标准还提供了简化流程的潜力,通过采用标准,企业只须作一次决定,并将其编成一组实施细则,则不再需要为每个项目重新作出相同的决定。实施标准应促进使用标准的过程,并产生一致的结果。

不幸的是,建立或采用标准通常是一个政治化的过程,这样的过程很可能导致制定标准的目标丢失。大多数企业在开发或实施数据或数据治理标准方面没有很好的实践。在某些情况下,他们没有意识到这样做的价值,因此也没有花时间这样做。有的时候他们根本不知道该怎么做。因此,"标准"在企业内部和跨企业变化很大,对一致性的期望也是如此,数据治理的标准应该具有强制性。

数据标准的呈现方式可以多种多样,选择什么样的方式需要根据内容具体分析。关于不同字段的填充、各种字段关系规则的控制等,都依赖于专业的数据管理人员。而对于数据清理办公室或者获得授权的工作组,应该重点负责数据的审查、批准等各项工作。在对数据标准制定的过程中,企业文化也会对文档的详细程度产生较大的影响。通过对数据标准的详细记录,可以获得更多的细节和事后重新创建或者是反向地获取相关知识,事先的记录是非常经济的。

数据标准必须实现非常有效的沟通和监控,加强定期的审查和更新也是非常必要的。必要的情况下,需要采取各种强制性的手段,最主要的目的是保证数据的度量和标准处于相互符合的状态。数据管理活动应该在规定的时间内作为软件开发生命周期(SDLC)批准流程的一部分,经由数据治理委员会或数据标准指导委员会进行审核,以确保其符合标准。

与数据标准一样,数据管理流程这种结构化的方法有助于确保数据管理的一致性和有效性,同时为企业提供了一个有序的框架,以便更好地理解和利用数据资产。

数据管理知识领域内的标准化概念示例如下:

1. 数据架构

包括企业级数据模型、工具标准和系统命名规范。

2. 数据建模和设计

包括数据模型管理程序、数据模型的命名规范、定义标准、标准域、标准缩写等。

3. 数据存储和操作

包括标准工具、数据库恢复和业务连续性标准、数据库性能、数据存储和外部数据采集。

4. 数据安全

包括数据访问安全标准、监控和审计程序、存储安全标准和培训需求。

5. 数据集成

用于数据集成和数据互操作的标准方法、工具。

6. 文件和内容

包括内容管理标准及程序,包括企业分类法的使用,支持法律查询、文档和电子邮件保留期限、电子签名和报告分发方法。

7. 参考数据和主数据

包括参考数据管理控制流程、数据记录系统、建立标准及授权应用、实体解析标准。

8. 数据仓库和商务智能

包括工具标准、处理标准和流程、报告和可视化格式标准、大数据处理标准。

9. 元数据

指获取业务和技术元数据,包括元数据集成和使用流程。

10. 数据质量

包括数据质量规则、标准测量方法、数据补救标准和流程。

11. 大数据和数据科学

包括数据源识别、授权、获取、记录系统、共享和刷新。

(二)建立业务术语表

数据管理专员通常负责整理业务术语表的内容。由于人们说话用词习惯不同,所以建立术语表是非常必要的。由于数据代表的内容复杂,因此数据的明确定义尤为重要。此外,许多企业使用个性化的内部词汇,术语表是在企业内部共享词汇的一种方法。开发、记录标准数据定义,可以减少歧义混乱,提升沟通效率。定义必须清晰、措辞必须严谨,并能解释任何可能的例外、同义词或者变体。术语表的批准人包括来自核心用户组的代表,数据架构通常可以从主题域模型中提供草稿定义和类型突破。

业务术语表具有以下目标:

①对核心业务概念和术语有共同的理解。

②降低由于对业务概念理解不一致而导致数据误使用的风险。

③改进技术资产与业务企业之间的一致性。

④最大限度地提高搜索能力,并能够获得记录在案的企业知识。

业务术语表不仅是术语和定义的列表,而且每个术语还同其他有价值的元数据关联,包括同义词、度量、血缘、业务规则,以及负责管理术语的人员等。

(三)协调架构团队协作

数据治理委员会支持并批准数据架构。例如,面向业务的企业数据模型。数据治理委员会可以任命、与企业数据架构指导委员会或架构审查委员会互动,以监督项目及其迭代项目。应由数据架构师和数据管理专员在业务领域团队中共同开发和维护企业数据模型。根据企业情况的不同,可以由企业数据架构师或数据管理专员协调这项工作。随着业务需求的发展,数据主管团队应提出更改建议,并开发扩展企业级数据模型。

企业级数据模型应经数据治理委员会评审、批准并正式采用,与关键业务战略、流程、企业和系统保持一致性。在管理数据资产方面,数据战略和数据架构是在"做正确的事"与"正确地做事"之间协调的核心。

(四)发起数据资产估值

数据和信息是具有价值或者可以创造价值的企业资产。现今的财务实践中,将数据和信息视为无形资产,如同软件、文档、专家知识、商业秘密和其他知识产权一样。尽管如此,各企业都认为赋予数据以货币价值是一项有挑战性的事情。数据治理委员应开展相关工作,并为此设置标准。

企业首先应该估计由于信息不足而创造业务损失的价值。信息缺口—所需信息和可用信息之间的差异—代表业务负债。弥补或防止差距的成本可用于估算数据丢失的业务价值。参考这个思路,企业可以开发模型来评估实际存在信息的价值。

可以将价值评估过程构建在数据战略路线图中,以便为质量问题的解决方案以及其他治理方案的业务案例提供依据。

(五) 嵌入数据治理

数据治理企业的一个目标是将治理活动嵌入数据作为资产管理相关的一系列流程中。数据治理的持续运作需要规划。运营计划包含实施和运营数据治理活动所需的条件,其中包括维持成功所需的活动、时间和技术。

可持续性意味着采取行动,要保证流程和资金到位,以确保可持续地执行数据治理企业框架。这一要求的核心是企业接收数据治理,实现管理职能,监控和测量其结果,并克服导致数据治理不稳定或失败的障碍。

通常,为了加深企业对数据治理的理解,可通过其原本的应用创建一个感兴趣的数据治理社区来加强相互学习。这种做法在治理的最初几年特别有用,但随着数据治理运营的成熟,其效果可能会逐渐减弱。

四、工具和方法

数据治理从根本上讲是关于企业行为的。这不是一个可以通过技术解决的问题。但是,仍需要一些工具支持整个过程。例如,数据治理需要持续地沟通,可利用现有的沟通渠道以一致的方式传达关键信息,使相关方了解到制度、标准和要求。

此外,数据治理流程必须能有效管理自己的工作和数据。利用工具不仅对任务有帮助,而且对支持它们的指标也有帮助。在为某些特定工作选择工具前,企业应该通过定义总体治理目标和需求来选择适合的工具。例如,有些术语表解决方案中还包括用于策略、工作流管理等其他组件。如果需要这样的附加功能,那么在采用工具之前,应该对需求进行澄清和测试。否则,企业虽拥有多个工具,却没有一个能够完全满足需求的。

(一)线上应用/网站

数据治理也应该能够线上体现,可以通过中心门户或者协作门户提供核心文档。网站可以容纳文档库,提供搜索功能,帮助管理简单的工作流。也可以通过 LOGO 和统一视觉展现在一个网站上,可以帮助建立相应的品牌。数据治理规划的网站应该包括如下内容:

①数据治理战略和项目章程,包括愿景、效益、目标、原则和实施路线图。

②数据制度和数据标准。

③数据管理制度的角色和职责说明。

④数据治理相关新闻公告。

⑤指向相关数据治理社区论坛的链接。

⑥指向相关数据治理主题执行进展的链接。

⑦数据质量测试报告。

⑧问题识别和上报的规程。

⑨请求服务或获取问题的入口。

⑩相关在线资源的描述和链接、演示文档和培训计划。

⑪数据管理实施路线图。

(二)业务术语表

业务术语表是数据治理的核心工具。IT 部门要认可业务术语的定义,并将定义与数据进行关联。业务术语表的工具有很多,如大型 ERP 系统、数据集成工具或者元数据管理工具的一部分以及一些独立工具。

(三)工作流工具

大型企业可能会考虑使用强大的工作流工具来管理流程,如实施新的数据治理策略。通过这些工具将流程连接到文档,这在策略管理和问题解决中非常有用。

(四) 文档管理工具

治理团队经常使用文档管理工具协助管理策略和规程。

(五) 数据治理记分卡

它是跟踪数据治理活动和制度遵从性的指标集合,通过自动计分卡的形式向数据治理委员会和数据治理指导委员会报告。

五、实施指南

一旦定义了数据治理的规程、制订了运营计划,加上在数据成熟度评估过程中收集数据制订的实施路线图,企业即可启动实施数据治理。数据治理要么始于一些重大项目,要么通过区域或者部门试点。大多数推广策略都是渐进式的,很少有直接在整个企业范围内部署的情况。

(一) 企业和文化

数据治理中很多固有的形式和规则对大多数企业来说都是全新的、不同的。数据治理通过改变企业行为来提升价值。对于决策和治理项目的新方法,企业可能存在抵制变化及学习或采用消极态度的情况。

有效而持久的数据治理需要企业文化的转变和持续的变革管理,企业文化包括企业思维和数据行为,企业变革包括为实现未来预期的行为状态而支持的新思维、行为、策略和流程。无论数据治理战略多么精确、多么独特,忽视企业文化因素都会减少成功的概率,实施战略必须专注于变革管理。

企业变革目标是可持续性的,可持续性是过程的质量指标,以此衡量过程持续增值的难易程度,维持数据治理规程需要对变化做出计划。

(二) 调整与沟通

数据治理规程是在更广泛的业务和数据管理战略背景下逐步实

现的。实现成功需要更广泛的目标，同时需要将各部分落实到位。数据治理团队要有灵活性，并且能够随着条件的变化调整相应的方法。管理和沟通变更所需的工具包括以下几点。

1. 业务战略/数据治理战略蓝图

这些蓝图将数据治理活动与业务需求联系起来。定期衡量和沟通数据治理对业务的帮助，对于数据治理持续获得支持是至关重要的。

2. 数据治理路线图

数据治理路线图不应刻板、僵化，而应适应业务环境或优先级的变化进行调整。

3. 数据治理的持续业务案例

数据治理的业务案例必须被定期调整，以反映企业不断变化的优先级和财务状况。

4. 数据治理指标

随着数据治理规程的成熟，数据治理的相关指标应随之逐渐增长和变化。

六、度量指标

为应对长期学习曲线的阻力和挑战，对数据治理项目必须有通过证明数据治理参与者如何增加业务价值和实现目标的指标以衡量进展速度和是否成功。

为了管理所需的行为变化，要着重衡量数据治理的推广进展、与治理需求的符合程度以及数据治理为企业带来的价值，重点是充实和强化治理价值的指标。另外，数据治理推出后，要验证企业是否拥有支持数据治理所需资源的指标，这对于维持治理规程同样重要。

数据治理指标的示例包括以下几点。

(一)价值

①对业务目标的贡献。

②风险的降低。

③运营效率的提高。

(二)有效性

①目标的实现。

②扩展数据管理专员正在使用的相关工具。

③沟通的有效性。

④培训的有效性。

⑤采纳变革的速度。

(三)可持续性

①制度和流程的执行情况。

②标准和规程的遵从情况。

第七章 中小企业商业模式

第一节 中小企业商业模式概述

"商业模式"最早出现于20世纪50年代,在20世纪90年代末,受到了非常广泛的关注。在该阶段,互联网开始快速发展,电子商务发展的速度非常快。伴随着互联网的发展很多企业开始成长起来,"商业模式"受到的重视程度越来越高,成为中小企业整体运作体系的核心部分。透过商业模式,可以大致掌握企业是如何赚钱并实现盈利的。

一、商业模式的概念和内容

(一)商业模式的概念

什么是商业模式?不同学者的研究角度存在较大的差异,不同的专家学者对商业模式的解释也存在很大的差异。美国学者德鲁克认为,商业模式是一种关于组织(或公司)的经营理论。美国经济学家帕特里克·博尔顿(Patrick Boulton)指出,商业模式应该能够提高和实现企业不同类型资产的有机结合,从而实现企业价值的创造。瑞士洛桑大学学者马格利·杜波森(Dubossonal)等也对商业模式进行了定义,商业模式重点是企业为了创造各种价值、实现价值营销的重要企业结构,实现客户关系资本的有效维护。

总体来看,对商业模式定义的过程中,关注点是企业获取利润的主要方式。

商业模式就是企业向顾客传递价值、使顾客进行购买并实现利润的方式。通俗来讲,商业模式就是企业通过什么途径来赚钱。

(二)商业模式的内容

要简单明了地说明一个商业模式,可从以下三方面的问题入手。

1. 明确卖的是什么

要非常清楚卖的是什么样的产品,你的产品具有什么样的商业价值,具有什么样的科学价值,在同行中,你和别人的差别在哪里,主要瞄准哪种潜在的市场,能抓住哪部分人的需求。有顾客才会有收入,有收入才会有盈利,这是商业模式能否成功首先要考虑的问题。客户价值有多重要?客户价值将决定企业未来的品牌价值,而品牌价值又将决定企业的生存与发展。

2. 如何规避别人使用同一个商业模式进行竞争

要能够清楚为什么只有自己卖这种产品,而别人没有卖。如果其具有非常好的前景,肯定很多公司都会去模仿。因此很多的新创公司,在自身成立的过程中,会发现非常独特的商业模式,可以更好地满足客户的需求,但随后其他很多企业开始疯狂地跟进,自己则成为落后者,因此必须找到自身非常擅长的能力和独有的资源。

3. 如何从这种客户价值创造中寻找到另一种盈利模式

要非常清楚,你是怎么样从客户价值创造的过程中找到全新的盈利模式的。

二、商业模式的要素及其关系

(一)商业模式的要素

商业模式画布九大要素,如图 7-1 所示。

商业模式画布

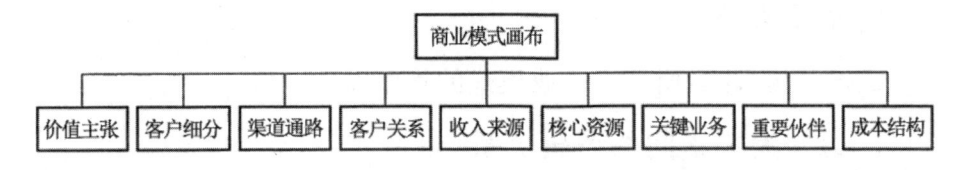

价值主张　客户细分　渠道通路　客户关系　收入来源　核心资源　关键业务　重要伙伴　成本结构

图 7-1　商业模式画布九大要素

1. 价值主张

价值主张，即企业通过其产品和服务所能向消费者提供的价值。

2. 客户细分

客户细分，企业通过市场的划分，要能够明确目标的消费者群体。

3. 渠道通路

渠道通路，重点反映的是企业和目标客户接触，实现相关价值传递的不同类型及途径。

4. 客户关系

客户关系，要详细地分析企业和客户之间建立什么样的联系，保证信息沟通反馈过程可以顺利进行。

5. 收入来源

收入来源，描述企业通过各种收入流来创造财务的途径。

6. 核心资源

核心资源，描述企业实施其商业模式所需要的资源。

7. 关键业务

关键业务，描述业务流程的安排和资源的配置。

8. 重要伙伴

重要伙伴，指的是企业和自己合作企业，实现有效价值形成的重要合作关系网络。

9. 成本结构

成本结构,即运用某一商业模式的货币描述。

(二)九大要素间的逻辑关系

我们可以用商业模式画布这一工具来描述,如图 7-2 所示。

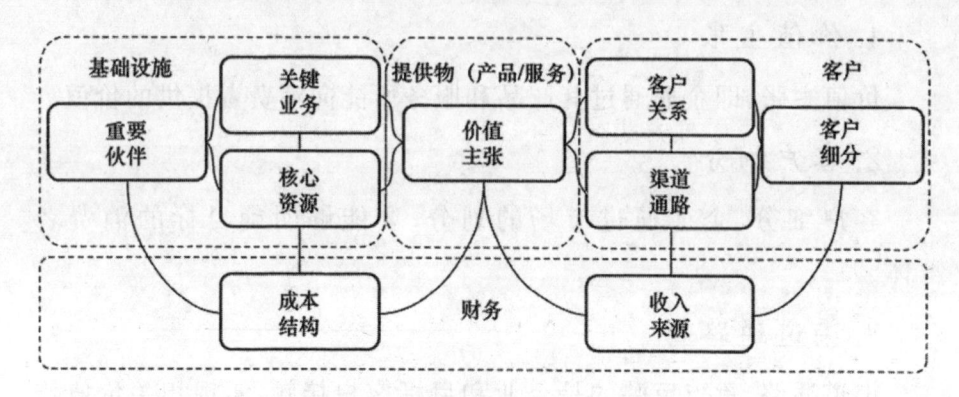

图 7-2　商业模式九大要素间的逻辑关系

根据九大要素之间的逻辑关系,商业模式的构建可以划分为以下四个关键步骤:

第一步,价值的创造与收入息息相关。这一阶段强调的是如何通过产品或服务创造价值,以满足特定客户需求,并通过有效的渠道和客户关系实现经济回报。

第二步,聚焦在价值创造所需的基础设施。在这一过程中,我们需要衡量核心资源及能力,设计关键业务,并寻找与我们的商业目标契合的重要伙伴。这有助于确保我们具备实现价值主张的关键元素和运营基础,以实现商业模式的可持续性。

第三步,涉及基础设施引发成本,要求明确定义成本结构。通过仔细界定各项支出,企业可以更好地管理资源,降低不必要的开支,从而提高盈利能力。

第四步,聚焦利润的差额。这一步骤要求根据成本结构调整收益方式,以确保企业能够在竞争激烈的市场中取得持续的盈利。这意味着要不断优化经济利益,确保收入大于成本,从而实现盈利最大化。

(三)基于画布模型的O2O商业模式要素案例分析

该案例起源于亚历克斯·兰佩尔(Alex Rampell)在2011年8月提出的概念。他对这一商业模式的看法是,它在线下市场与线上受众之间建立了紧密的联系,构建了一种从线上延伸到线下的商务框架。为了简单表达这种商业形式,他定义了其为"线上—线下"模式,简称"O2O"模式。以下将结合饿了么的实际案例,通过商业模式画布模型的利用实现对O2O企业核心要素的深入分析研究。

一是客户细分。对于饿了么的用户重点分为两类:一类是商户,另一类是消费者。如果从客户的角度分析,其用户重点划分为三种不同类型的群体,主要就是白领、学生以及社区等不同的用户群。如果从商户的角度分析,最开始的时候主要是一些中小商户,随着配送体系的不断自建,开始实现了更多品牌餐饮的不断转型。

二是价值主张。饿了么自身的价值主张就是从用户的角度做出保证懒人以及忙碌人群等送餐上门的需求。从商户的视角分析,饿了么的价值主张是促进自身营业空间的不断拓展,促进自身品牌知名度的不断提升。

三是渠道通路。饿了么自身的渠道通路重点是校园代理,也包括一些战略平台,渠道体系的多元化程度很高。

四是客户关系。饿了么和客户维系关系的方式很多。较为常见的是优惠促销,会员制度等。

五是收入来源。其收入最为主要的来源就是餐厅本身所缴纳的定额服务费、拼配商户所推荐的各种广告等。

六是核心资源。其核心资源还是很多的,最主要的是信息系统平台以及NAPOS餐厅管理系统,这些核心资源可以为业务的开展提供更加良好的技术支持。

七是关键业务。关键业务包括的内容比较多,较为常见的就是产品信息服务的提供、购买业务以及支付业务等,可以为用户和商户提供良好的支持作用。

八是重要伙伴。饿了么的重要伙伴很多,最主要的是合作商家、第三方支付平台等,本身的生态系统非常庞大。

九是其成本的构成。成本构成的内容比较多,包括信息系统建设和维护的主要费用、推广的各种费用、数据信息处理的费用等,都应该属于其范畴。

通过对这九大要素的详细分析,可以更全面地理解O2O商业模式在实际运作中的各个方面,从而为类似企业的经营策略提供有益的参考。

三、商业模式的特征

(一)成功的商业模式要能提供独特价值

如果商业模式非常成功,可以为客户提供更多的额外价值服务,客户自身也能够利用相对较低的价格获得相同的利益,也可以利用相同的价格,让客户获得较多的利益。

(二)商业模式是难以模仿的

直销模式,也是一种模式,很多人都知道其运作的方式,戴尔公司在这方面做得非常好,不论是哪个商家,只要愿意,都可以模仿该公司的做法,但是自身取得的业绩如何是无法确定的。从这个层面来说,如果商业模式非常好,其他人是无法模仿的。

(三)成功的商业模式是脚踏实地的

脚踏实地要做到实事求是,商业模式建立的过程中,应该对客户的需求更加精准地把握。无论是什么样的企业,不明确自己获得利润的原因,不明确客户为什么选择自己的产品,为什么选择自己的服务。这些"商业模式"其实和实际是不相符的。

四、商业模式的类型

商业模式,重点反映为组织对其功能的详细描述,对各种活动开展提纲的综括。不仅仅是公司客户、产品和服务等内容,也会对企业组织、创收和盈利等各种信息科学提供。商业模式和企业战略会对公司的决策提供重要的指导。为了适应不同的社会经济发展背景,商业模式也发生了快速变化。尤其是在互联网经济兴起之后,商业模式更是层出不穷。一般来说,商业模式可以分为以下两大类。

(一)运营性商业模式

对于运营型商业模式,要高度重视企业和环境之间实现更加密切的互动,要详细分析和产业价值链之间不同环节的关系。该商业模式最主要的核心目标是实现企业核心优势的不断塑造,实现企业能力、关系和知识的科学塑造,重点包括以下两方面。

1. 产业价值链定位

企业应该明确自身在产业链中的地位,企业要详细地分析自身的资源条件,分析各种发展战略,要对自己的定位足够明确。

2. 盈利模式设计(收入来源、收入分配)

了解企业的收入来源以及收入的多样形式至关重要。同样重要的是,要能够非常深入地了解其在产业链中收入分配的具体情况,要考虑企业在分配的过程中,话语权是如何的。

(二)策略性商业模式

策略型商业模式主要是在运营型商业模式的基础上不断地开拓和有效利用。

这一层面牵涉到企业生产经营的多个方面,具体包括以下几种关键元素。

1. 业务模式

这一方面涉及企业向客户提供的价值和利益,包括但不限于品牌、产品等。通过精心设计业务模式,企业能够更好地满足客户需求,提高市场竞争力。

2. 渠道模式

渠道模式重点反映的是企业向客户传递不同业务和价值的主要方式。无论是渠道的倍增还是渠道的集中和压缩过程,都需要精心规划,以确保高效而可持续地运营。

3. 组织模式

在这个方面,企业应该充分地考虑如何建立更加先进的管理控制模式,构建面向客户的组织结构也属于其范畴,通过企业信息系统实现数字化组织等手段。这些举措有助于提高企业的管理效率和创新能力。

五、Mobike(摩拜单车)的商业模式案例

摩拜单车是共享经济代表,最早推出了共享经济的单车模式。在上海上线的时间是 2016 年 4 月 22 日。摩拜单车的关注点是实现社会单车的共享,重点利用的是较为典型的重资产运营模式。摩拜科技公司重点负责自行车的研发以及生产,车身也装备了很多的先进技术,例如 GPS 定位、电子锁、二维码等。

用户可以借助 Mobike 平台,实现用车需求,而对于平台则会实现职能定位,可以实现用户位置的定位,对周围的各种闲置车辆进行检索。用户也可以利用自己的手机,对附近的摩拜单车进行解锁,平台会根据使用时间来收取使用的费用。同时,Mobike 平台也建立了相应的信用制度,征信机构重点加强用户信用的监管,从而尽可能地减少各种违规行为。Mobike 平台充分利用了互联网、GPS 以及移动支付等各种技术,实现了自行车的科学共享。

B2B 租赁模式共享经济的主要代表就是 Mobike,Mobike 可以向用户提供良好的自行车租赁服务,保证线下用户实现摩拜单车的有机共享。而对于摩拜,重点利用押金制度,将重资产的主要成本转嫁给消费者,并通过大量的押金以及融资,实现摩拜单车的不断生产以

及扩张。如果从本质的角度来说，用户自身的角色是多样的，他们不仅仅是产品的消费者，而且是重要的生产者，进而促进产销合一的新型共享经济模式的形成，图7-3反映的是商业的主要模式细节。

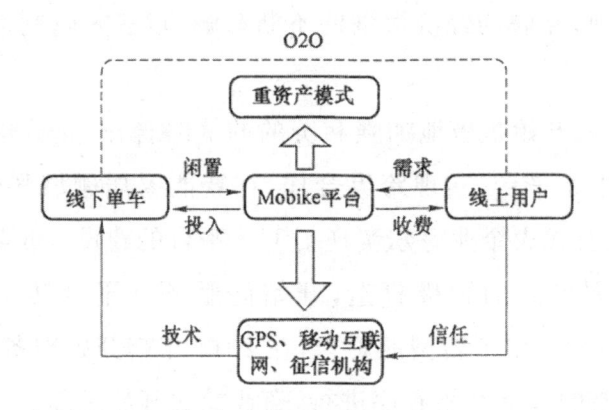

图 7-3　Mobike 的商业模式

在"互联网＋交通"快速发展的今天，共享经济的模式已经给人们的出行带来了巨大便利，并渗透到更广泛的产业中，有效地利用和重新分配了闲置和过剩资源。共享经济商业模式发展的过程中，重点将"闲置资源＋价值＋相应回报"作为主要的核心，通过交易的主体、交易的对象以及第三方交易平台，实现重要因素的构建。该模式涉及的交易主体主要是供给方和需求方，第三方交易平台的作用是促进交换和分享资源价值的顺利实现。这也是共享经济在出行行业常见的商业运作模式。

第二节　中小企业商业模式创新

商业模式创新在中小企业实现转型升级中扮演着关键的角色。这种创新不仅是对产品或单一企业的挑战，更是在不同商业模式下企业之间的激烈竞争。它成为中小企业应对市场竞争并持续成长的战略性手段，通过重新构思公司的运作方式和盈利途径来推动企业的发展。

2006年,格力提出了自己的发展目标,由于其掌握核心技术,自身的竞争力非常强。格力的实力非常强大,其在2012年的销售收入就已经突破了千亿元,格力发展非常快。随着家电行业产能过剩问题的逐渐显现,互联网经济浪潮的不断影响,很多家电制造企业开始转型。

例如,小米开始积极地加强和美的的战略合作,充分借助小米自身的互联网生态平台,实现跨界合作,在智能家居领域科学的布局。同时,家电主要代表企业海尔实现了U+平台的建设,重点是为了加强海尔生态圈模式的积极打造,开始向服务型平台转型。格力在2009年开始,就产生了转型的思想,在2014年就开始准备各种事宜,企业发展战略的调整开始有序进行,商业模式开始更新。

对于格力战略演变阶段,主要从2009年开始提出了相应的发展战略,在2012年对战略内容明确说明,重点阐述了目前的战略,未来发展战略以及战略调整的相关事项。而2013年后,格力开始不断提出自动化战略,能源战略等重要的战略理念,标志着公司战略布局的演变,如表7-1所示。

表7-1 格力战略布局阶段演变

时间	2005～2011年	2010～2013年	2014年至今
战略布局阶段	产品战略	聚焦战略	多元战略
贯穿战略	—	创新战略	—
典型战略	精品战略创新战略	信息化战略	自动化战略能源战略
企业发展模式	产品与创新中心模式	信息化模式	多元发展模式

在企业战略的演进过程中,格力开始由局部战略开始向整体战略不断转变,创新战略是其非常重要的支点,"贯穿战略+战略布局调整"的双重战略主线模式逐步形成,企业整体转型处于相互协调的状态,也开始涉足其他产业,如智能化产业、制造装备产业、新能源产业等。

格力商业模式的不断创新,实现了价值主张的科学重构。制造服务化和服务产品化开始纳入转型的具体路径中,企业成功实现了商业逻辑从商品主导向服务主导的进化,这也意味着对企业价值和主张观念的重新构思。

在追求增长的过程中,格力采用了渐进式的价值创造与价值创新。在此过程中,对产品研发的重视程度也不断提升,开始生产出大量的创新型产品,对消费行为的深层逻辑给予了高度关注,积极地提供更加优质的服务,更好地满足客户的各项需求,借助收购以及转型,逐步进入全新的市场,对战略规划的成长给予足够的关注。

格力在创新资源和能力整合的过程中,采取了不同类型的创新模式。通过这些创新模式的利用,可以进一步地实现"人—技术—产品"三位一体价值的科学创造。

为了进一步实现企业创造价值向用户的传递,格力积极地加强自身专卖店的升级,无论是外延式拓展还是内涵的不断拓展,开始将自身的工作重心向顾客身上转移,厂商和顾客之间实现了良好的互利共赢。2014年,公司开始积极地加强综合性电商平台的不断建立,并开始积极地推行线下和线上相互结合的互联网商业模式。

总体来看,企业整体运营模式的调整与革新是必要的。在转型过程中,商业模式创新是整体性创新,需要注重技术创新与商业模式创新的协同发展。格力以其独特的创新模式和强大的创新能力推动了企业的整体转型发展。

一、商业模式创新的现实意义

商业模式创新在当前形势下尤为重要,它代表了企业实现市场价值的手段和路径。随着全球化、信息化以及市场化的迅速发展,传统商业模式遭遇了前所未有的挑战,这就迫使企业进行商业模式的创新,因为这种创新对于企业具有非常重要的现实意义。

(一)商业模式创新可以进一步促进中小企业自身资源的不断整合,企业自身的竞争力也可以有效提升,企业将具备更加明显的竞争优势

在此过程中,要能够从全局作为重要的出发点,对企业不同的要素科学的整合分析,从而促进企业价值的不断提升,创造更多效益和竞争力。在商业模式创新中,重点在于全面整合企业资源,提高运营环节的效率,不断创造价值。对中小企业而言,其规模小、结构简单、管理层次少,同时能够与市场直接沟通,这为它们专注于商业模式创新提供了有利条件。在这种情况下,要详细分析客户的需求,对自身的商业模式做出科学调整,为客户创造更多的价值,实现价值的不断增长。

(二)商业模式的不断创新,可以促进中小企业更好地适应环境的变化,更加积极地参与到市场竞争的过程中

商业模式本身能否发挥优势,和企业自身的韧性以及可持续发展能力具有很大的关系。商业模式的设定重点根据企业去设定,中小企业不能够单纯地模仿其他成功的商业模式,要能够进一步提升自身的资源整合以及创新能力。当企业的商业模式存在一些不足时,不能够单纯依赖战略的改善,促进自身管理水平的不断提升,促进计划的科学制订,才能实现成功。随着经济全球化时代的到来,中小企业应该积极地加强自身核心竞争力资源的不断整合,更加灵活地调整各种商业模式。对于处于转型升级期的中小企业,商业模式的变革比技术创新更为重要,这是它们参与市场竞争的必备关键能力。

(三)通过商业模式的不断创新,可以让中小企业有更多的发展计划

我国的很多中小企业在创立初期,重点采取的商业模式是"游击战"。需要的周期非常长,过程也非常艰难,但是成功后,企业能够实现持续发展。有些企业重点采取的是"正规军"的作战方式,对不同类型的商业模式充分的探究,注入的资金也非常多,且周期相对较短,取得的效果也很好。这些商业模式研究的过程中,最主要考虑的就是盈利,对企业的承受能力和发展能力并没有高度重视,取得的成果比较有限,资源浪费的现象非常突出,中小企业本身只有建立适合自己的商业模式,才能够实现更加长远的发展。

通过商业模式的不断创新,企业才能够具有更多发展创造的机会,当处于不同的发展阶段,创新点也会存在着较大的差异。初创期和成长期的中小企业应注重客户价值创新,而成熟期的中小企业则应关注成本结构和利润保护模式的创新。商业模式必须具有可持续性,以达到最简化、成本最低化的效果。

二、商业模式创新的动力来源

中小企业相对于大型企业,自身的规模、运作结构和功能架构方面存在的差异还是很大的,中小企业商业模式的不断创新重点是激发三方面的动力。

(一)企业家精神

很多的中小企业,企业家会重点对企业的管理方式和战略举措进行塑造,企业家一般都具有较为鲜明的导向精神以及创新精神,可以促进独特商业模式的形成。和那些保守型企业相比,这些企业家更加愿意去创新,敢于承担各种类型的风险,更容易实现各种突破性的创新。

(二)坚定的战略执行

很多企业家的构思非常具有创新性,但如果仅仅是空想式的商业模式创新,并不能取得什么成效。企业应该将商业模式的创新作为主要的出发点,加强发展战略的制定,保证战略执行的过程中,具有较强的有效性,商业模式本身可以实现创新。中小型企业也应该加强商业模式的不断创新,要进一步加强技术的不断研发,加强网络的不断拓展。在制定发展战略的过程中,企业要详细地分析公司、业务以及职能等各个不同的层面,针对性地制定不同的战略内容,为价值创造的构建提供重要的支持。

(三)地方政府的政策支持

地方政府的政策在很大程度上也会对中小企业的商业模式创新产生较大的影响。政府部门可以为这些中小企业优先提供不同类型的资金贷款,提供不同类型的税收优惠政策,为中小企业商业模式的创新提供必要的支持。当地方政府具有更加廉洁高效的工作环境时,腐败现象也将减少,企业本身将具有更加良好的外部环境,促进商业模式创新的展开。

三、商业模式创新的基本思路

商业模式创新对于中小企业是至关重要的,它涉及在商业经营和发展中找到核心竞争力、发展可持续的商业模式,从而实现转型升级。具体来说,这需要通过以下几个方面来实现。

首先是在细分市场中专注于能够发挥企业自身优势的领域,以实现专业化经营。当专业化程度较高时,即使面临较强的激烈竞争,企业也能长久地发展,要找到核心竞争力,才能够获得更多的竞争优势。随着市场成熟,虽然企业可以考虑多元化,但专注于细分市场有助于企业更好地选择目标市场、制定灵活的营销策略,并随时调整以适应不断变化的市场需求。

其次是应该积极加强商业模式创新动力机制的建立,企业家要不断地创新,加强相关战略的科学推进,要充分了解地方政府的支持策略。企业家是否具有领导能力,在很大程度上影响着商业模式能否更好地创新。它反映了企业对机遇的识别和利用能力。此外,企业要着重提高战略执行力,制定具体的执行项目,打造高效的执行团队,并建立结果导向的企业文化。同时,政府的财税扶持也为商业模式的创新提供了外部环境支持。

最后是要保证中小企业电子商务更加国际化、专业化、纵深化。电子商务是一种非常重要的商业模式,在很大程度上影响着中小企业的发展。电子商务平台的发展,为中小企业提供了很多的机遇,也带来了各种各样的挑战。中小企业要想促进电子商务的不断发展,必须拥有战略远见,可以通过加入知名电商平台或建立自己的电商平台来开拓国际市场、利用各种资源,这对于中小企业是一个巨大的机遇。

四、商业模式创新的构建

从各国成功经验来看,在竞争日益激烈的市场中,要想更好地生存和发展,应该通过选择细分市场,实施专业化经营,倡导以专攻补足、以小充大、专注精致取胜的成长之道。目前,消费需求的个性化程度越来越高,消费品的生产模式也开始发展和转变。由于中小企业本身的经营方式非常灵活,组织成本比较低廉,可以有效地应对市场的各种变化,更好地满足不同消费者个性化的要求。图7-4展示了几种商业模式创新的构建方法,以下将逐一简要介绍。

(一)专业化经营与自身优势相结合

选择适合企业自身优势的细分市场,实施专业化经营。通过专注于特定领域,企业能够更好地发挥自身的专业技能,从而提高竞争力。

(二)以小补大,灵活运作

在小批量、多样化的生产趋势下,中小企业可以通过以小规模生产来弥补大企业无法满足的个性需求。这种灵活的运作方式能更好地满足当今市场的多元化需求。

(三)专注精致,迎合个性化潮流

中小企业可通过专注于产品或服务的精细度,迎合消费者对个性

化、潮流的追求。在迅速变化的市场环境中,独特的特点有助于塑造企业的品牌形象。

这些商业模式创新的构建方法为中小企业提供了灵活而可行的路径,使其能够更好地适应当今市场的动态变化和消费者需求的多样化。

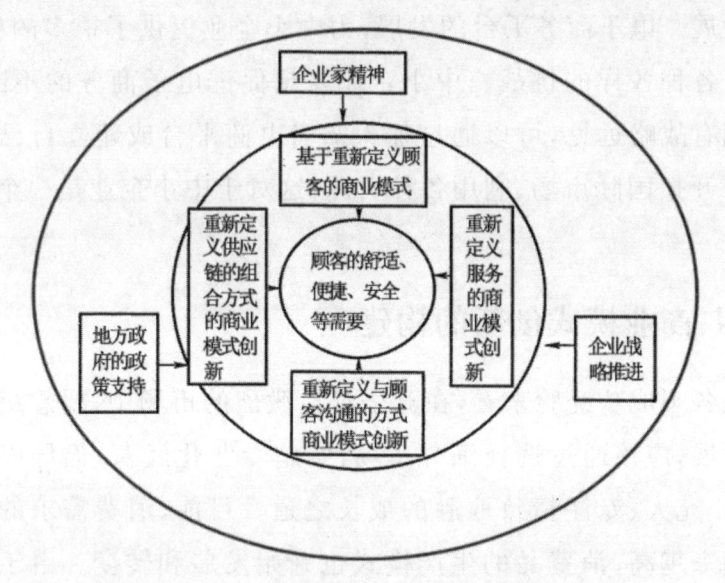

图 7-4 中小企业商业模式创新的构建方法

(1)重新定义顾客模式创新

重新定义顾客的过程中,中小企业应该详细地了解企业自身的个体特征,对细分市场的目标顾客科学地确认,确认过程应该处于动态化的过程,当环境发生变化时,确认也应该随之变化。明确定义目标顾客的过程中,企业加强换位思考是非常必要的。要从顾客的角度分析,其真正的需求,顾客需要什么样的产品,如何更好地保证顾客的愿望能顺利实现。中小企业应该充分认识到,顾客需求会不断地发生变化,变化过程中受到的影响因素也很多,无论是社会因素还是文化因素等,都会对企业预测客户的需求产生影响。

在实际开展操作的过程中,企业也不是一直处于被动的状态,很多情况下会实现顾客需求的科学创造,实现顾客新需求产生的积极引导。在大多数情况下,有些顾客并不明确自己需要什么,企业要深入地分析消费者本身的隐性需求,要有意识地实现对顾客的积极引导。很多情况下,细分市场的需求都需要企业去积极地引导。这展示了企业在创新中的积极角色,同时凸显了顾客需求的多样性和可塑性。

(2)服务模式的重新定义创新

服务模式的重新定义创新具有一项独特的特点,即基于中小企业对顾客个性化需求的充分理解,通过创新提供产品和服务。这种创新不仅停留在产品和服务层面,而是以此为起点,对整个企业商业模式开展创新性设计。在市场上,不同类型的产品,各种类型的服务都是具有生命周期的,都要经历诞生、成长、成熟以及衰亡等流程。目前,已经进入知识经济时代,产品外延和内涵发生的变化越来越大,顾客对产品中知识含量的需求呈现不断提高的趋势。

在这种背景下,会产生大量的标准来对产品的价值进行衡量。不再将位置作为基础衡量的重要标准,知识含量还是衡量的主要模式。通过该模式的重新定义,需要加强现有产品和服务生产方式、技术信息的不断规划和升级,要详细地分析现有产品和服务在价值方面具有哪些区别。随着同质化竞争的日益激烈,要通过服务来促进竞争优势的不断获得。这种服务导向的创新战略在满足顾客需求的同时,也为企业带来了更持久的竞争力。

(3)重新定义中小企业与顾客沟通的模式创新

重新定义中小企业与顾客沟通的模式创新所涉及的内容很多。产品和服务交付方式的确定,企业和顾客之间薪酬传递交流方式的确定,都属于其范畴。中小企业发展的过程中,建立更加全面、高效的沟通渠道是非常必要的,因为这有助于它们更好地为目标客户提供个性化服务,彰显企业的特色。尤其是在那些服务性行业,这些服务可能缺乏明显的有形特性,或者容易受到竞争者产品的替代的情况下,企业与顾客之间的有效沟通显得更加必要。

中小企业可以利用很多类型的方式和顾客之间开展沟通,较为常见的就是人工接听电话,借助网络完成客户问卷调查,利用不同类型的网络聊天工具等,要充分利用不同类型的方法实现和顾客个性化的沟通。但是也应该明白一个道理,沟通的次数越多,需要的沟通成本也就会越多,互联网技术也是如此。在和顾客接触方式确定、创新目标设定的过程中,企业不仅要促进顾客接触效果的有效提高,合理控制沟通的成本,以确保沟通策略的可行性和经济性。这种平衡是中小企业在沟通模式创新中需要认真考虑和实践的关键因素。通过精心选择和创新顾客接触方式,企业能够在提升沟通效果的同时实现成本的有效控制,进而更好地满足顾客需求,提高市场竞争力。

(4)重新定义供应链组合方式的模式创新

随着市场经济的不断发展,市场竞争也在不断地加剧,企业参与竞争的过程中,对产品和服务的价值重视程度越来越高。从企业的角度来说,未来竞争的过程中,借助供应链联盟促进整体竞争实力的提升成为重要的策略。在对供应链组合方式重新定义的过程中,中小企业所面临的挑战还是很多的。例如,如何科学地选择供应链组织,如何选择科学的供应链连接方式等。

为了保证相应的问题得到解决,可以从以下两方面着手:一是充分的借助外包方式,企业重点掌握核心产品技术,对于其他辅助性的产品或者服务,向其他企业进行外包。通过协作关系的建立,可以实现专有知识的共享和转让,可以获得更加良好的协调效应。二是企业可以加强虚拟动态联盟的建立,加强具有不同类型资源企业的有机聚合,如技术、资金、市场等。重点将这些企业的资源结合起来,不同的企业将不同的专业技能和知识进行共享和转让,从而在生产制造、市场营销以及不同领域获得更多的优质运作手段。

这种模式创新不仅使中小企业能够更灵活地应对市场变化,还为它们提供了在供应链中更具竞争力的地位。通过重新定义供应链组合方式,企业可以更加精准地配置资源,实现更高效的协同作业,从而在激烈的市场竞争中脱颖而出。

第三节 "互联网"六大商业模式分析

"互联网+"商业模式主要分为六种。

一、"互联网+"商业模式之一：工具+社群+商业模式

在"互联网+"时代，一种日益流行的商业模式崭露头角，即"工具+社群+电商/微商"的全新混合模式。互联网的快速发展，促进该模式的不断发展，信息传递的速度越来越快，如果所有个体处于志同道合的状态，在虚拟空间中就更加容易聚集成社群。而对于互联网，则可以实现不同地区需求的有机整合，促进新共同需求的产生，实现规模效应，这成功解决了人们在现实中难以聚合的问题。

如今，典型代表这一商业模式的是微信。微信刚开始的时候主要是社交工具。由于自身的工具属性、社交属性、核心价值内容功能比较特殊，实现了各种目标用户的锁定。随着微信的不断发展，其功能也开始越来越多，如朋友圈点赞、评论等，也包括不同类型的商业功能，如微信支付、手机充值等，这将用户的社交体验与商业交易相融合。

这一趋势的出现并非偶然。工具重点扮演的角色就是刀锋的角色，可以更好地满足用户痛点需求，是流量的主要入口。但是仅仅依赖供给无法实现更多有效粉丝用户的沉淀。而对于社群，则是关系属性最重要的表现，通过形成紧密的社交关系，成功地沉淀了流量。而商业作为交易属性，在该模式中，重点用来对变现流量的实际价值进行衡量，这三者看起来存在着较大的差异，但本身的内在融合逻辑是一致的。这种整合模式旨在实现用户体验、社交关系和商业价值的有机统一，为"互联网+"商业模式注入新的活力。

二、"互联网＋"商业模式之二：长尾型商业模式

最初由美国《连线》杂志的主编克里斯·安德森（Chris Anderson）提出。该概念重点描述得媒体行业销售产品的变革情况。由最初的少数热门产品销售向广泛的利基产品销售的不断变革。不同类型利基产品的销售量虽不多，但累积起来，总销售额也是非常可观的。借助 C2B 模式，可以实现更大规模的个性化定制，实现多样性少量商品的提供。这种模式需要较低的库存成本，需要强大平台的科学支持，让那些利基产品易于为兴趣买家所发现和获取。典型的例子有豆瓣网在 Web 2.0 时代所采用的"长尾"模式。

三、"互联网＋"商业模式之三：跨界商业模式

在探讨"互联网＋"商业模式的多元发展中，跨界商业模式尤其引人注目。美国互联网先知凯文·凯利曾言："无论你在哪个行业，真正对你构成最大威胁的敌人，一定不是眼下同行，而是那些行业之外看不到的竞争对手。"这一观点深刻揭示了跨界创新的潜力。

互联网发展速度如此之快，最根本的原因就是采取了高效整合低效的主要手段，实现了传统产业核心要素的科学分配，生产关系实现了全面的重构，整体系统的效率得到了有效的提升。互联网企业本身实现了中间环节的有机简化，实现了各种不必要渠道损耗的有效减少，促进产品从生产到用户手中时间的大幅缩短，促进了运营效率的有效提升，实现了成本的降低。互联网企业实现了对传统行业价值链中利润环节的科学把握，实现了互联网工具和思维的科学利用，实现了商业价值链的科学构建，从而获得了巨大的成功。这种跨界的商业模式成为企业在竞争激烈的市场中立于不败之地的策略之一。

四、"互联网＋"商业模式之四：免费商业模式

"互联网＋"时代本身属于信息过剩的重要时代,也是注意力非常稀缺的时代。在该时代中,如何在各种各样的信息中,实现有限注意力的抢占,是非常关键的问题。由于注意力本身非常稀缺,很多互联网创业者开始大量地争取各种有限的资源。在互联网产品领域,流量发挥的作用是非常关键的。当流量足够多时,企业才能够更好地构建自身的商业模式。互联网经济的不断发展,最主要的目的是吸引大众的注意力,实现价值的不断创造,进一步实现盈利。

很多互联网企业都纷纷利用各种免费、优质的产品,实现对客户的大量吸引。当吸引足够的用户之后,开始向用户提供各种新类型产品和服务,并不断加强自身独特商业模式的打造。例如最为常见的 QQ。这种通过免费吸引用户,再通过创新商业模式获取收益的策略,已经成为许多成功互联网企业的共同特点。

五、"互联网＋"商业模式之五：O2O 商业模式

地理位置信息的整合为移动互联网带来了崭新的机遇,该机遇就是具有代表性的 O2O 商业模式。在该商业格局中,二维码所扮演的角色是非常重要的。实现了后端蕴含的丰富资源和前端需求的有机连接。在此过程中,移动开发者必须学会 O2O 以及二维码有关的基础能力。

O2O 商业模式,如果从狭义的角度分析,可以看作是线上交易以及线下体验消费的主要商业模式。重点包括的场景分为两种,其一是用户在线上购买或者预订各种类型的服务,在线下商品享受不同类型的服务,这种类型是非常常见的;其二是用户通过不同的线下实体店去实现商品的体验和选购,在线上下单购买相应的商品。

如果从广义的角度分析,该模式实现了互联网思维和传统产业的有机融合。在未来的发展过程中,该模式的发展不再有明确的线

上线下之分，线上线下、虚实之间开始不断地深度融合。其核心价值主要就是可以实现线上和线下各种优势的充分发挥，保证顾客无论在哪个渠道，都可以顺利购物。从线上的角度来说，用户可以不限时间、不限地域的选购商品，不会受到时间及空间的限制；而在线下，不同类型的商品都是可见的，可以触摸的，可以随时获取。从这个角度看，O2O需要巧妙地将两个渠道的价值和优势紧密对接，使顾客在每个渠道都感受到独特的价值。

六、"互联网＋"商业模式之六：平台商业模式

"互联网＋"商业模式也是一种常见的平台商业模式，在互联网中扮演的角色非常重要。该商业模式的核心战略就是加强平台的建设，保证产品更加多元化和多元化，对用户体验以及产品的闭环设计给予高度重视。

张瑞敏曾对平台型企业的理解，对互联网平台的放大效应科学阐述。从其观点来看，这种平台的开放性非常强，可以实现全球各种资源的有机整合，保证企业和用户之间实现良好的零距离接触。随着互联网时代的到来，用户的需求也发生了非常大的变化，企业如果仅凭借自身的资源、人力以及能力等，是无法有效地满足消费者的个性需求的。企业应该进一步打破边界的限制，实现更大商业生态网络的不断构建，借助平台，实现不同类型资源的汇聚，更好地满足用户各种类型的需求。通过平台商业模式的利用，可以实现多方共赢、互利生态圈的科学打造。

然而，对传统企业而言，盲目追求庞大平台并非明智之举，尤其是中小企业。相反，企业应该将自身的优势资源充分集中起来，对产品或者服务的独特性深入分析，精准的确定目标用户，对用户的痛点深入的研究分析。通过设计符合用户需求的极致产品，围绕这些产品迅速建立核心用户群，以此为基础快速打造品牌。这种精准而有序地策略更有助于中小企业在竞争激烈的市场中立足。

第四节 中小企业商业计划书

商业计划书是企业发展到一定阶段后,为了寻求外界支持特别是资金支持而准备的一份重要文件,所以商业计划书是提高中小企业融资能力的关键工具。

一、商业计划书的概念

商业计划书编写的过程中,需要按照标准文本格式去书写,本质上属于项目建议书,主要内容是对公司以及项目的运作情况科学地介绍,详细阐述产品具有什么样的市场,未来发展的过程中,面对着什么样的竞争,具有哪些风险,未来的融资要求如何。

商业计划书的撰写,最主要的目的是让投资人更加爽快地投资,同时阐明投资人想要了解的内容。

①干什么(愿景、产品、服务)。

②怎么干(生产工艺及过程)。

③消费者群(市场细分,精准定位)。

④竞争对手(市场分析)。

⑤核心团队。

⑥股本结构(有形资产、无形资产、股东背景)。

⑦营销安排(计划、里程碑)。

⑧财务分析(利润点、风险、投资回收期)。

二、商业计划书的作用

商业计划书即商业模式的可行性报告,也是对自身所从事商业行为的说明书。

(一)达到企业融资的目的

商业计划书的质量,在很大程度上决定着能否获得充足的贷款,能否获得更好的投资。当商业计划书质量比较高,内容足够的丰富时,投资者可以对投资项目更加快速地了解,也可以更好地了解投资项目的内容,投资者投资项目的过程中,也会更加有信心,会积极地参与到该项目中,实现项目资金的顺利筹集。

商业计划书也是实现项目融资投资争取的重要内容。投资者每天收到的商业计划书非常多,企业能否争取到投资,很大程度上取决于商业计划书的质量如何,商业计划书的专业性如何。企业家在努力争取获得风险投资之前,都应该高度重视商业计划书的制订。

(二)全面了解你的企业

通过商业计划书的科学制订,可以对企业的不同方面有更加全面、深层次的认知;通过商业计划书,可以更好地了解自身的目标客户,更好地了解市场具体情况,从而采取科学应对策略,在开展业务的过程中取得更大的成果;通过商业计划书的制订,可以保证这些方面的考虑处于协调一致的状态。在制订商业计划书的过程中,企业也应该认识到自己的优势和不足,这样可以及时地发现问题。

(三)向合作伙伴提供信息

商业计划书也可以向其他的业务合作伙伴、各种机构提供有效的信息。在对商业计划书编制的过程中,最主要的目的是寻找可靠的战略合作伙伴,这样才能保证企业更加具有活力,实现全面发展。

(四)取得政府和相关机构的支持

在我国,中小企业创业活动离不开政府和相关机构的支持。政府每年都会在科技奖金、财税政策等方面选择支持一些有发展潜力的项目。要想获得政府的支持,必须借助公共关系和商业计划书来展现创业活动所具有的社会意义,让政府充分了解企业的创业思路和所需的具体支持。

三、商业计划书的主要内容

商业计划书包括的内容很多,创业者是该计划书的作者,而读者则都是潜在的投资人,最主要的目的则是让投资人产生投资的意愿。下面对常规商业计划书的写作内容简单阐述。

(一)商业计划书摘要

商业计划书摘要主要是风险投资者所想要看到的具体内容,属于商业计划书的精华部分,可以对商业计划书的主要内容进行反馈,也是商业计划书的核心内容。摘要必须充分地吸引风险投资者的兴趣,渴望从其中得到更多的信息。具体的内容主要包括以下几点:一是对公司简单地概述;二是阐述研究与开发的过程;三是阐述公司提供的产品或者各项服务;四是详细地说明管理团队、管理组织等具体情况;五是对行业以及市场具体分析;六是指明公司的营销策略;七是对融资情况具体阐述;八是阐述具体的财务计划;九是对风险因素的阐述;十是阐述退出机制。

(二)公司概述

公司概述重点阐述的是公司发展的具体情况,既包括发展历史,也包括发展现状,未来发展的主要规划等。详细阐述公司本身的发展愿景,注明公司的具体名称、地址以及联系方式等,详细阐述公司开展自然业务的具体情况,并对公司的发展历史详细介绍,阐述公司本身存在的一些竞争优势,阐述公司本身纳税的具体情况。

(三)公司的研究与开发

公司的研究与开发重点阐述的是公司本身在研发人员以及资金方面投入的主要计划,详细指明未来的发展目标。详细指明企业的研究资金投入情况,阐述研发人员具体情况以及研发的各种设备,阐述研发产品技术方面具有哪些优势,未来发展现状如何。

(四)产品或者服务

创业者应该详细地阐述产品以及服务创意的具体情况,让风险投资者可以有所了解。一是详细阐述公司产品的主要名称,具有哪些显著特征,重点应用于哪些方面;二是产品如何开发,开发周期多长;三是产品目前属于生命周期的什么阶段;四是产品的市场情境是如何的,竞争力是如何的;五是详细阐述产品技术如何改进,未来更新换代具有什么计划,成本如何。

(五)管理团队

管理团队重点对公司管理团队的具体情况详细阐明,重点是反映公司管理团队战斗力如何,相比其他管理团队,有什么优势。

(六)市场与竞争分析

首先要详细阐述目标市场。一是阐述细分市场的具体内容;二是阐述目标顾客群是如何的;三是阐述在未来几年内,生产计划、收入和利润等处于什么样的状态;四是本身的市场是如何的,目标市场份额可以达到什么水平;五是公司会采取什么样的营销策略。

其次是行业的分析。一是要详细分析行业的发展程度;二是要详细分析行业的发展现状;三是详细分析行业的总销售额,分析总收入的多少,分析未来的发展趋势;四是分析随着经济的不断发展,对行业会产生什么样的影响;五是政府对行业保持着什么样的态度;六是哪些因素会对该因素的发展产生影响;七是行业竞争现状,需要采取什么样的战略;八是进入该行业会面临哪些阻碍,如何解决这些阻碍。

再次是竞争分析。一是要明确自己的主要竞争对手;二是明确竞争对手所占的市场份额处于什么样的状态,所采取的经营战略是什么;三是未来发展情况如何;四是自身经营的过程中,采取了什么样的策略;五是在竞争的过程中,自身哪些方面具有优势;六是竞争过程中面临的压力是如何的。

最后是市场营销。一是要详细地阐述营销机构以及营销队伍的具体情况;二是阐述选择了什么样的营销渠道,营销网络的建设是否非常完善;三是采取了什么样的广告策略,采取的促销策略是否科学;四是所采取的价格策略如何;五是是否制订了科学的市场开拓计划;六是明确如果市场营销的过程中出现了一些意外情况,应该如何有效应对。

(七)生产经营计划

生产经营计划重点反映的是创业者所设计的新产品,应该如何科学地生产制造,如何科学地开展经营过程,该部分所发挥的作用是非常关键的。而对于风险投资者,在该过程中需要了解很多的情况,要详细了解生产产品原料采购的具体情况,要对供货商的情况切实分析,了解劳动力以及雇员的多少,也要考虑如何科学分配资金,如何合理地安排土地等,这些方面都应该处于足够详细的状态,尤其是细节,更加严格的把握。该内容的科学把握,可以实现之后投资谈判过程中,投资项目的合理估值,也可以促进风险创业者更好地占据股份。

下面对生产经营的具体计划开展分析:

一是要详细地制订新产品生产经营的具体计划;二是要切实分析公司目前生产技术能力处于什么样的状态;三是详细分析公司在品质控制和质量改进方面能力的高低;四是分析企业目前具有哪些生产设备,未来需要购置哪些类型的生产设备;五是详细分析目前企业的生产工艺流程处于什么样的状态;六是分析企业生产产品的经济性如何,生产过程如何更加科学。

(八)财务分析和融资需要

财务分析资料需要花费的时间很长,也需要大量的精力去编写,而对于风险投资者,一般都希望自身借助财务分析的具体内容,详细反馈公司未来经济财务的具体盈亏情况,从而科学地分析自己的投资和预期理想回报的具体差异。财务分析的过程中,所包括的内容相对较多,下面具体分析。

1. 历史数据与未来发展预测

通过对过去三年经营情况的具体分析,可以获得更加详细的财务分析报告,可以了解公司具体的现金流量、资产负债等具体情况。这些数据反映了公司在过去的财务绩效和业务运营中的关键指标。基于这些经验和数据,我们对未来三年的发展进行详尽的预测,以更好地规划公司的战略方向。

2. 投资计划

(1)风险投资额度预估

我们预计在投资计划中将涉及一定的风险投资,具体数额将根据项目的规模和发展需求而定。

(2) 未来的资本结构规划

为确保风险企业未来的可持续发展，我们将精心规划资本结构，以满足业务扩张的资金需求。

(3) 抵押和担保条件

在获取风险投资时，我们将与投资方协商并明确可能涉及的抵押和担保条件，以保障双方的权益。

(4) 投资回报与再投资策略

我们将制订清晰的投资回报计划，并考虑再投资方案，以最大限度地优化资金的利用效率。

(5) 股权比例安排

在风险投资完成后，将根据投资额度和公司估值，达成双方满意的股权比例安排，以实现合理的利益分配。

(6) 资金的收支规划和财务报告编制

我们将建立详细的投资资金收支计划，确保用款合理、透明，并定期编制财务报告，为投资方提供全面的财务透明度。

(7) 投资者参与公司经营管理的程度

我们将协商投资者在公司经营管理中的具体参与程度，确保双方在决策过程中有良好的沟通与合作。

3. 融资需求

(1) 资金需求计划

我们将详细说明实现公司发展计划所需的资金金额、时间性和用途，以便融资方充分了解投资的具体情况。

(2) 融资方案

我们将详细说明公司希望吸引投资人的具体要求、他们所能够占据的股份比例以及不同类型资金的主要来源。这将有助于确保融资方案的清晰和透明。

(九) 风险因素

要对项目实施过程中可能出现的一些风险详细注明，并详细地分析面对这些风险,如何采取更加有效的控制和防范手段。对于技术风险,可能涉及新技术的可行性和实施过程中的技术挑战;市场风险可能源自市场波动和竞争加剧;管理风险涉及团队协调和领导层变动;财务风险可能来自资金不足或不合理的财务策略;而其他不可预见性风险则包括自然灾害、政策变化等。

(十)风险投资的退出方式

1. 股票上市

在商业计划的分析中,对公司上市的可能性进行综合评估,并明确实现上市的前提条件。这一退出方式通常是对公司成功发展的一种验证,同时为投资者提供了较为流动的资产。

2. 股权转让

投资也可以充分利用股权转让的方式,保证自身的投资实现灵活的收回。这种方式不仅提供了投资退出的渠道,还能够根据市场状况和投资者需求灵活调整资本结构。

3. 股权回购

公司实施股权回购计划需要在商业计划中进行充分的分析和说明。这种方式可以是公司回收部分或全部股权,为投资者提供一定的退出机会。

4. 利润分红

利润分红本质上是公司处于盈利状态时,向投资者返还投资的主要方式。在商业计划的制订的过程中,要对股权利润分红具体的条件和机制详细注明,以保障投资者的权益。这也是对投资者的回报,同时能保持公司的稳健财务状况。

通过深入分析和明确退出方式,投资者和企业可以更加清晰地理解潜在风险,并在商业决策中做出明智的选择。

四、商业计划书样本示例

商业计划书目录示例如图 7-5 所示：

商业计划书

目　录

1　执行摘要 94
　1.1　公司概况 94
　1.2　业务模式 95
　1.3　市场机会 95
　1.4　投资与财务 95
2　公司介绍 95
　2.1　公司简介 95
　2.2　发展战略 95
　2.3　交易流程 96
　2.4　商业模式 96
　2.5　组织结构 97
　2.6　管理团队 97
　2.7　经营选址 97
　2.8　部门/岗位职责 97
3　市场分析 98
　3.1　目标顾客描述 98
　3.2　SWOT 分析 98
4　市场营销计划 98
　4.1　主要销售渠道 98
　4.2　宣传推广 99
5　竞争分析 99
　5.1　竞争者主要优势和不足 99
　5.2　我方优势分析 99
6　投资与财务分析报告 99
　6.1　资金需求 99
　6.2　经营设备和办公家具 99
7　风险分析与防范措施 100
8　退出机制 100
9　企业愿景 100
附录 101
　附录 1 101
　附录 2 101
　附录 3 102

图 7-5　商业计划书目录示例

1 执行摘要

1.1 公司概况如表7-2所示

表7-2 公司概况

公司名称	协和在线科技有限公司		
公司性质	□个体工商户 □股份合作制企业	□个人独资企业 ■有限责任公司	□合伙企业 □其他
注册地址	略		
公司宗旨	我们属于电子商务公司，在日常经营的过程中，要积极地加强高质量在线服务交易平台的打造，要能够实现优质在线交易平台的科学建立，为服务商以及消费者提供更多的便利。要进一步加强公司交易平台的逐步完善，保证技术水平稳步提升，在此过程中，也要加强虚拟公司的科学培育，逐步打造全球最大的在线服务提供商，积极地促进社会就业问题的科学解决。 　　在经营的过程中，企业一直秉承着"服务之心"的重要理念，要保证服务提供商资质审定过程科学完善，具有更强的规范性；要保证为消费者提供更高质量、更高水平的服务。我们深知，在这个竞争激烈的电子商务领域，服务质量是吸引用户和维护用户忠诚度的关键。因此，我们不仅致力于打造一个便捷高效的交易平台，更通过对服务提供商的管理和培训，为消费者提供卓越的服务体验，从而在全球范围内树立起我们在行业的领先地位		
主要经营范围	C2C类电子商务网站的主要经营业务是保证在线服务交易过程顺利完成。较为常见的就是网页设计、网站建设等。通常情况下，将服务提供商划分为四种不同的类型，各具特色和定位。 　　突出的服务商属于第一类，代表性企业有IBM、HP、麦肯锡咨询等。这些公司以卓越的专业水平和丰富的经验著称，旨在为客户提供高品质的在线服务。它们在C2C电商平台上扮演着领军者的角色，以其卓越的品牌和服务赢得了消费者的广泛认可。		

续表

主要 经营范围	第二类主要指的是一些普通服务类的公司,这些公司最主要的在线服务对象就是一些中小企业和个人。这些公司可能规模较小,但致力于以实惠而高效的方式满足客户需求。通过C2C电商平台,它们能够广泛覆盖市场,为更多规模较小的企业和个体提供所需的专业服务。 第三类是个体服务提供商,这些个体可能是自由职业者、独立工作者或兼职专业人士。他们在C2C电商平台上建立个人服务档案,通过展示个人技能和经验,与潜在客户直接互动,提供个性化的服务。 一些服务类型的高校创新公司属于第四类企业范畴,这些公司在企业高校创业公司中所占的比例还是很高的。这一类别代表了新兴力量,展现了年轻创业者的创新精神。通过C2C电商平台,这些高校创业公司能够快速进入市场,提供创新的在线服务,为用户提供新颖而有活力的选择。 总体而言,C2C类电子商务网站为不同类型的服务提供商提供了一个开放的市场平台,促进了多层次、多领域的在线服务交易,从而满足了不同用户群体的需求。这一多元化的生态服务系统为企业、中小型企业、个体服务提供商以及高校创业公司带来了广泛而有利的商业机会
市场定位	我们公司的主要运营方式是借助网站,通过服务提供商的力量,为广大网络用户提供各种各样的服务,服务所覆盖的范围很广,无论企业的需求还是个人的需求,都可以得到有效的满足。无论是小规模的logo设计还是专业咨询,我们都能提供多元化的在线服务,以满足用户的不同需求。

续表

市场定位	作为公司的一项特色,重点为很多服务类型的高校大学生创业公司提供相关服务的平台,重点为了促进国家政府"以创业带动就业"方针的顺利实施。我们将充分地借助媒体、网络以及网民等力量,为网站访问量的提高提供重要的支持。我们深信,通过支持年轻的创业者,我们不仅能够促进创新和创业精神的发展,还能够为改善国家的就业形势作出积极的贡献。 因此,我们不仅仅是一家电子商务公司,更是一个积极推动创业生态发展的平台。我们通过提供多样的服务,支持创业者,以实际行动践行着"以创业带动就业"的社会责任

1.2 业务模式如表 7-3 所示

表 7-3 业务模式

产品或服务	新颖性、独特性和可行性
1. 优秀服务商	中期,我们为客户提供服务柜台,用于展示公司形象、招揽业务以及进行售后服务。这个服务柜台在商业交往中起到中介的作用,为客户提供直接的面对面交流和支持。 公司目前技术发展速度很快,后期经营的过程中,各种新进的虚拟经营服务将会不断提高,这对企业运营成本的有效降低提供重要的支持。这种进阶的服务模式将使客户能够更灵活地进行业务经营,同时减少了对物理空间的依赖,实现了更高效的运营。 在经营的过程中,加强自身和当地政府的有机合作,当和客户签约完成时,就可以实现交易平台的免费试用,这对于创业公司的可持续发展提供重要的支持。这种支持措施不仅降低了初创企业的经济负担,还为其提供了一个良好的发展平台。我们深信,通过这样的合作模式,企业能够更好地蓬勃发展,实现可持续的成功
2. 普通服务类公司	重点为其提供在线交易的平台,公司本身的利润从总交易额中抽取部分佣金,抽取的比例为 15%～20%

续表

产品或服务	新颖性、独特性和可行性
3.服务个体	重点为其提供在线交易的平台,公司本身的利润从总交易额中抽取部分佣金,抽取的比例为15%～20%
4.大学生创业公司	加强和当地政府的密切合作,和政府签订合同,实现免费使用交易平台权益的活动,为创业公司的发展提供重要的支持。通过该合作模式的利用,可以为创业公司的发展提供极其重要的支持,也可以实现初创阶段运营成本的有机降低,在使用交易平台的过程中,具有更强的便利性
5.免费服务	提供者主要是不同类型的服务提供商,提供的内容主要是不同类型的生活信息

1.3 市场机会

随着互联网技术的不断发展,互联网信息越来越多,信息容量越来越庞大,在此过程中,也出现了很多质量很低的信息,信息泛滥的问题变得非常突出。缺乏更多专业性和针对性较强的信息。在这种情况下,也存在着全新的市场机遇,要能够充分地培养专业技能较强的人才,保证互联网方面的问题合理解决。

通过在线服务的积极引入,可以借助收费过程,在专业知识的服务上提供更多的激励,从而保证为客户提供水平更高,专业化更强的服务,保证客户难题合理解决。而对于目前著名的威客类网站(以猪八戒为例)已经顺利采用该模式,客户可以自由地发布问题;而对于具有服务能力的个人,都可以开展竞标;而对于获胜者,就可以得到佣金。但是该网站也存在一些不足,竞标激励还有待提升,竞争激烈程度比较高,一般仅有一个人成功,而对于其他参与者,可能存在失去佣金的风险,因此服务能力存在的差异还是很大的。

而对于很多的电子商务公司,实物交易是其最为主要的经营范围。较为常见的有京东、淘宝、亚马孙等,公司面临的竞争激烈程度很高,利润空间一直在被压缩。而对于威客类网站,重点提供在线交易,成熟度比较高,具有相对较大的市场拓展空间,重点涉及服务,因此定价权会向服务提供商所倾斜,自身的利润空间很大。

而对于我国的 C2C 网站淘宝并不允许商家对不同类型的服务类信息进行公布,主要是为了有效避免公司信用评价系统控制的问题,也可以避免不同类型的广告信息泛滥。

鉴于上述市场机会和挑战,本公司计划将威客类网站和在线交易平台相结合,尽可能地采取兼容并包、取长补短等各种方式。要充分对欧洲的成名交易商 sedo 进行借鉴,加强服务提供商资质审定过程顺利开展,加强交易双方的科学认证,从而保证交易的诚信度和水平进一步提升。这一整合的举措有望为公司带来更广阔的市场前景和竞争优势。

1.4 投资与财务如表 7-4 所示

表 7-4 投资与财务

总投资	200 万元(RMB)	投资收益率	—
预期收入			
第一年		第二年	第三年
90 万~150 万元		250 万~400 万元	600 万元以上

2 公司介绍

2.1 公司简介

公司经营的过程中,要时刻坚持"服务之心"的主要经营理念,建立更加严格的运营体系,促进服务提供商水平的有效提升,促进其服务保障能力的不断提升。要能够为客户提供专业化程度更高,满意度更高的优质服务。当公司业务不断地拓展时,要向更多的新创办服务公司提供更长时间的专业指导服务。

此外,在公司的社会责任理念指引下,我们一直在积极地为高校新创办的服务型企业提供支持,为他们提供更多的平台免费使用权,提供更加专业化的服务指导,保证大学生具有更多的就业机会。我们相信通过服务的不断提升和共享,可以建立一个更加繁荣、蓬勃发展的社会环境。

2.2 发展战略如表 7-5 所示

表 7-5 发展战略

短期目标 （1 年）	要保证整体在线交易系统顺利建立，实现更多优质服务提供商的科学培育
中期目标 （2～3 年）	在原有的基础上，加强服务市场的不断扩充，促进交易平台服务水平的不断提升，促进虚拟公司的科学建立，并开展试运营

2.3 交易流程

(1) 客户操作流程如图 7-6 所示。

注册会员 → 选择服务 → 预付款 → 提供服务 → 确认付款

图 7-6 客户操作流程

(2) 前台交易流程如图 7-7 所示。

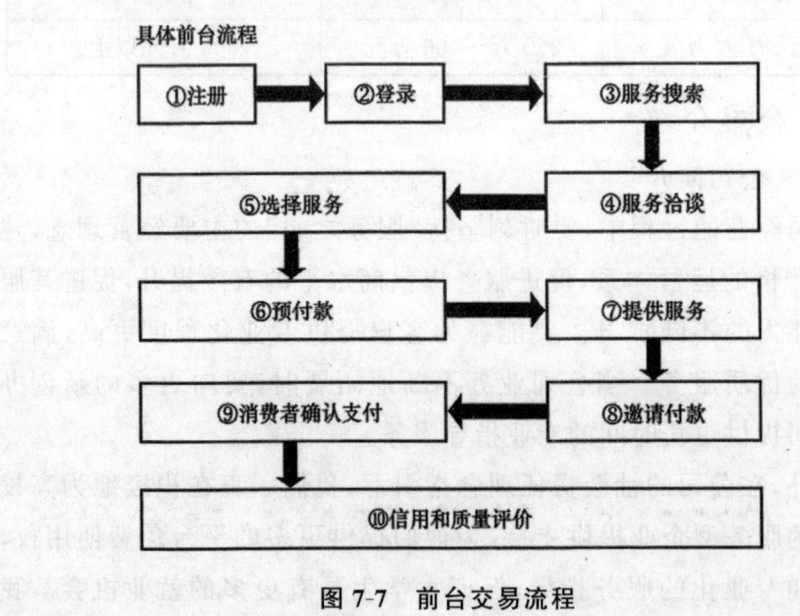

具体前台流程

①注册 → ②登录 → ③服务搜索
↓
⑤选择服务 ← ④服务洽谈
↓
⑥预付款 → ⑦提供服务
↓
⑨消费者确认支付 ← ⑧邀请付款
↓
⑩信用和质量评价

图 7-7 前台交易流程

(3) 后台工作流程如图 7-8 所示。

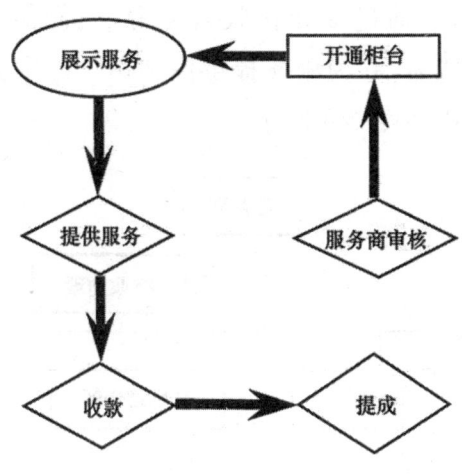

图 7-8 后台工作流程

2.4 商业模式

在商业模式方面,我们采用一系列策略来确保盈利并提供卓越的服务。

(1) 服务柜台出租费(中期)

重点是为优质服务商实现服务柜台出租的提供,每年每家的预订费用控制在 1 万左右,预计提供的商家数量为 200 家左右。通过这一中期计划,我们预计每年可获得约 200 万元的利润。这项策略不仅为服务商提供了专业的服务平台,也为公司创造了可观的收入。

(2) 佣金提成机制

公司的盈利模式重点采取的是佣金提成机制。普通服务商以及个体服务交易额的 15%～20% 属于公司本身的佣金。这种模式激励服务商提供更多、更优质的服务,同时确保公司能够分享交易增值的一部分,共同分享业务成功的果实。

(3) 广告收入和销售收入

通过免费服务信息链接提供广告空间,以及销售电子优惠券等方式来实现额外的收入。这种多元化的收入来源有助于降低对单一渠道的依赖,同时提升公司整体的盈利水平,广告和销售收入为我们创造了更为灵活和可持续的盈利模式。

这一综合商业模式的设计旨在确保公司在服务提供和盈利方面保持持续的稳健性。通过多元化收入来源，我们能够更好地适应市场变化，提高盈利能力，并为服务提供商和用户提供更丰富的体验。

2.5 组织结构如图7-9所示。

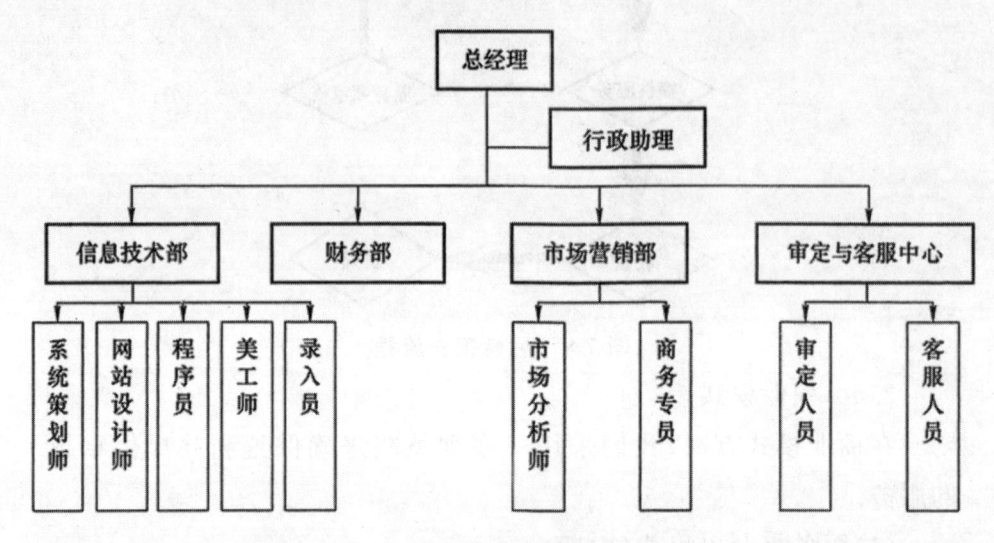

图7-9 组织结构

2.6 管理团队

团队成员名单如表7-6所示。

表7-6 团队成员名单

姓名	年龄	职务	学历	主要经历	工资预测

备注：其余待招聘。

2.7 经营选址如表7-7所示

表7-7 经营选址

地址	面积	费用或成本	选择该地址的主要原因
高科技园区	150平方米	低于5.11万元/年	政府优惠，适合公司经营

2.8 部门/岗位职责如表7-8所示

表7-8 部门/岗位职责

部门/岗位	负责人	职责
总经理	—	1.制订公司的业务规划、经营方针以及运营模式,并积极组织实施这一计划。 2.承担全面的经营管理职责,致力于规范内部工作流程,确保业务各环节高效有序地运转。 3.精心组建公司的核心团队,明确各部门的职能,合理划分人员任务,并设计薪酬体系以激发团队成员的积极性。 4.履行监督责任,推动各部门工作的有序推进,通过召开公司会议促进信息交流与协调。 5.负责审核并签发公司所发出的文件和报告,同时亲自签署公司与合作方之间的合作协议,以确保文件的合法有效性
行政助理	—	1.协助总经理执行工作任务并审查达成的成果。 2.承担草拟相关文件、信函和合同的职责。 3.主导会议的安排和整理会议纪要工作。 4.负责公司对外联络以及维护公共关系的任务。 5.管理公司所需各项证照的办理流程。 6.策划并实施招聘计划及流程,管理员工的入职、考勤、调岗和离职等工作。 7.制订岗位职责说明书和工作岗位要求。 8.收集公司重要信息,经过整理分析后将其档案归档,确保信息的安全性和可检索性

续表

部门/岗位	负责人	职责
信息技术部	—	1. 我们的职责主要包括对网站的策划、建设、维护以及定期的更新等工作。通过不断优化网站的结构和内容，我们致力于为用户提供友好、高效的在线体验。在这个快速变化的数字环境中，我们不仅是网站的管理者，更是其持续进化的引领者。 2. 随着业务的不断拓展，我们需要不断开发与之相关的软件产品，以满足不断演进的市场需求。这包括但不限于创新的应用程序、工具以及与网站功能密切相关的技术解决方案。我们将技术创新视为推动业务增长的关键因素，通过软件产品的开发，不断提升我们在行业中的竞争力。 3. 在整个网络技术层面，我们担负着运行和管理的责任。这包括网络架构的设计、安全性的维护、性能的优化等方面的工作。我们以高效的网络运行为基础，确保用户能够顺畅地使用我们的在线服务。同时，我们也积极采用最新的技术标准和最佳实践，以确保我们在网络技术方面始终保持领先地位。通过这一系列工作，我们努力为公司提供稳健而创新的技术支持，以促进业务的可持续增长

续表

部门/岗位	负责人	职责
财务部	—	1.组织并策划公司的财务年度收支计划,同时负责监督其执行情况。 2.管理款项的收入与支出,进行成本和费用的核算与管理。 3.整理、编制、呈报、保管和归档相关凭证、报表和文书,以确保财务文件的规范和完整性。 4.承担公司税务申报和纳税工作,确保依法完成税务义务。 5.管理员工各项保险及福利事务,确保员工福利的完善和顺利运作。 6.筹划并制订公司薪酬制度及标准,以确保公平、合理并与市场相符的薪酬政策
市场营销部	—	1.详细地制订公司不同年度、不同季度和月度的销售计划,科学开展销售费用的预算,在执行的过程中,要加强严格的监督管理。 2.对市场开展深度的调查和分析,并根据市场调查情况,撰写调查报告,将撰写的调查报告成果向高层管理层提交。这有助于为公司提供市场动向和竞争情报,为决策提供有力支持。 3.主持销售业务的洽谈过程,确保顺利达成销售合同,并确保合同条款的清晰明了,以最大程度地降低潜在风险。 4.详细地了解各个部门自身物资需求的具体情况,了解公司本身需要采购哪些产品,需要提供哪些服务,相关的产品价格是如何的,并在总经理批准后启动采购流程。这确保了公司对物资的科学管理,有效地满足了各个部门的需求,提高了整体运营效率

续表

部门/岗位	负责人	职责
审定与客服中心	—	1. 负责客户的售后服务,协调和维护与客户的关系。 2. 对服务提供商的审定和客户的认证工作。 3. 处理各类交易纠纷

3 市场分析

3.1 目标顾客描述如表7-9所示

表7-9 目标顾客描述

—	目标客户	主要客户
基本情况	需要各类服务的企业和个人	互联网用户
社会特征	生活和消费水平较高	社会中上层阶级
消费习惯	消费需求弹性大	直接在线消费

3.2 SWOT分析如表7-10所示

表7-10 SWOT分析

优势	1. 平台的可扩展性强,市场拓展空间比较大。 2. 对顾客的服务保证能力比较高。 3. 网站运营成本比较低。 4. 盈利模式多样
劣势	1. 前期的专业人才比较缺乏。 2. 竞争对手(威客类网站)的基础比较牢固。 3. 网站推广方面资金相对短缺。 4. 经济萧条时期,服务市场萎缩
机遇	1. 市场的供给面比较广,供给弹性和价格弹性比较大。 2. 商业模式新颖,差异化竞争力强,可持续成长性好。 3. 国家政策对创业的扶植力度比较大,经营成本比较低。 4. 互联网用户数量增长快,市场需求旺盛

续表

挑战	1.竞争对手调整速度快、资本雄厚、市场相对成熟和完善、不利于公司竞争。 2.顾客容量大，但是需求变幻莫测，服务价格不好把握。 3.服务提供商和顾客对网站运营模式的认可适应需要一段时间

4 市场营销计划

4.1 主要销售渠道

授权各地的高校大学生创业团队对当地的服务提供商进行审定和提供支持，通过网络推广、网络技术改进和服务市场拓展来提高公司网站的访问量和成交量。

4.2 宣传推广如表7-11所示

表7-11 宣传推广

推广方式	主要内容	成本预测
广告宣传	移动传媒	5万元
公关活动	与各地大学生创业团队结盟，通过新闻媒介宣传	5万元
网络推广	网络广告、电子邮件、流量推广等	30万元
合计	—	40万元

5 竞争分析

5.1 竞争者主要优势和不足

竞争对手(威客类网站)先有顾客需求，再由威客提供服务，且价格由客户来定。对顾客非常有利，但对威客造成不确定性，即每次中标的概率不高(成百上千人竞标同一个任务，只有一人或几人中标)，有效激励不足。

竞争对手是先有多样性的顾客需求，再产生多样性的威客供给；本网站先有多样性的供给，再满足顾客的多样性需求，价格可由双方协商,但不得愚性竞争。

5.2 我方优势分析

①通过对服务提供商的资质审定确保较高的服务水平。

②服务提供商可根据市场价与客户进行协商,使双方都获得较满意的价格。

③服务提供商凭交易额可以获得相应的积分,用于兑换本网站内的广告推广服务或出售给有需要的广告发布者。

④服务提供商可以通过交易业绩的展示,赢得更多的顾客和市场。

⑤顾客可获得相应的积分和信用,在今后的服务交易中享受优惠。

⑥通过与一些服务类网站结盟,共同开拓互联网在线市场。

⑦顾客可以在本网站免费获得一些服务类信息。

6 投资与财务分析报告

6.1 资金需求如表 7-12 所示

表 7-12 资金需求

筹资渠道	资金提供方	金额	占投资总额比例
自有资金	政府资助	不定	—
其他融资	风险投资、天使投资	200 万元	100%
总计	—	200 万元	100%

6.2 经营设备和办公家具

物品清单如表 7-13 所示。

表 7-13 物品清单

名称	数量	单价(元)	费用(元)
电脑和电脑桌椅	10 台	3500	35000
饮水机	2 部	120	240
办公用品	—	2000	2000

续表

名称	数量	单价(元)	费用(元)
其他	—	2000	2000
合计			39240

7 风险分析与防范措施

风险内容与防范措施如表 7-14 所示。

表 7-14 风险内容与防范措施

风险类别	风险内容	防范措施
财务风险	市场交易量过低带来的预期收入过低	1.确立财务分析指标体系,建立长期财务预警系统。 2.重视市场交易量,以市场为主导
市场风险	1.前期市场拓展不开,网站访问量小。 2.顾客对交易方式的可接受性低。 3.交易纠纷处理问题	1.加大网站的各种推广方法。 2.对客户的培养循序渐进、步步为营。 3.客服中心对交易处理制度的完善
管理风险	1.管理者的管理经验。 2.团队的协作效率	1.管理者加强自身的管理技能和领导才能。 2.管理者充分协调团队的运作
政策风险	1.电子商务交易税务问题。 2.电子商务法律改变	1.给予适时的、充分的关注预测研究。 2.根据新出台政策作出相应的调整

8　退出机制

退出机制如表 7-15 所示。

表 7-15　退出机制

公开上市	通过在我国香港地区和美国等创业板直接上市（IPO），为风险投资退出最佳途径
收购兼并	公司被其他企业兼并或收购时，风险投资公司将所持股份转让给其他投资者
回购	风险投资公司可根据预先商定好的条件，由本公司将风险投资所持的股份购回

9　企业愿景

企业愿景是企业家立场和信仰的集中体现，是最高管理者头脑中的理念，承载着对企业未来的设想。这是一种持久性的回答和承诺，回答了关键问题："我们代表什么？"以及"我们希望成为怎样的企业？"

企业使命则体现了企业家对社会责任、企业责任和顾客责任等职责和义务的自觉认识。而企业目标，则是企业家或组织期望实现的成果、梦想和理想。在这一愿景中，促进企业文化的形成，在企业文化建设的过程中，理念的支持是必要的。

在实践的过程中，一直在加强不同文化理念的贯彻。要想保证感性和理想实现有机的平衡，具有鼓舞人心的愿景是非常必要的。企业文化建设也是一个长期的过程，通过理性规划和感性表达的充分结合，才能够为愿景的成功提供重要的支持。通过理性地规划，可以保证企业的整体效益、价值等实现最大化，通过感性的引导，可以让员工享受更好的福利待遇，也可以充分考虑自身的个人发展问题。

在商业计划书撰写的过程中,要保证企业文化理念被每个员工所熟知,这样才能够促进企业更好的发展。制定愿景的过程中,创业者应该具备多方面的知识,管理学知识应该足够丰富,文采更要出众,要保证愿景可以更加的鼓舞人心,更加容易开展贯彻。在实施的过程中,创业者应该积极参与其中,保证愿景能够更好地实现。

参考文献

[1] 王莉莉. 中小企业财务管理改革与创新研究[M]. 北京：经济科学出版社，2020.

[2] 王倩茹. 电子商务环境下中小企业财务管理模式创新研究[D]. 杨陵：西北农林科技大学，2017.

[3] 贺星. 互联网环境下企业财务管理模式创新研究[D]. 西安：陕西科技大学，2017.

[4] 叶华，李爱卿. 中小企业创业管理[M]. 北京：机械工业出版社，2018.

[5] 陈春花，乐国林，李洁芳，等. 企业文化[M] 北京：机械工业出版社，2017.

[6] 吴中超. 中小企业创业与经营管理[M]. 北京：中国人民大学出版社，2020.

[7] 张玉明. 创新型中小企业成长基因[M]. 北京：经济科学出版社，2015.

[8] 周招安. 给新手的企业数据分析实战[M]. 北京：电子工业出版社，2020.

[9] 姜咏梅，杨迦. 中小企业人力资源组织与管理[M]. 哈尔滨：哈尔滨工程大学出版社，2022.

[10] 王淑红. 人员素质测评[M]. 2版. 北京：北京大学出版社，2017.

[11] 赵曙明，赵宜萱. 人力资源管理：理论、方法、工具、实务[M]. 2版. 北京：人民邮电出版社，2019.

[12] 彭剑锋. 战略人力资源管理：理论、实践与前沿[M]. 北京：中国人民大学出版社，2014.

[13] 江明. 中小企业数据管理能力构建研究[M]. 北京：经济管理出版社，2022.

[14]顾生宝.数据决策:企业数据的管理、分析与应用[M].北京:电子工业出版社,2020.
[15]李颖.数据时代面向知识共享的企业文件与档案管理研究[M].北京:人民出版社,2019.